Basiswissen Psychologie

Reihe herausgegeben von
Jürgen Kriz, Institut für Psychologie, Universität Osnabrück, Osnabrück,
Deutschland

Die erfolgreiche Lehrbuchreihe im Programmbereich Psychologie: Das Basiswissen ist konzipiert für Studierende und Lehrende der Psychologie und angrenzender Disziplinen, die Wesentliches in kompakter, übersichtlicher Form erfassen wollen.

Eine ideale Vorbereitung für Vorlesungen, Seminare und Prüfungen: Die Bücher bieten Studierenden in aller Kürze einen fundierten Überblick über die wichtigsten Ansätze und Fakten. Sie wecken so Lust am Weiterdenken und Weiterlesen.

Neue Freiräume in der Lehre: Das Basiswissen bietet eine flexible Arbeitsgrundlage. Damit wird Raum geschaffen für individuelle Vertiefungen, Diskussion aktueller Forschung und Praxistransfer.

Herausgegeben von
Prof. Dr. Jürgen Kriz
Universität Osnabrück

Wissenschaftlicher Beirat

Prof. Dr. Markus Bühner
Ludwig-Maximilians-Universität München

Prof. Dr. Thomas Goschke
Technische Universität Dresden

Prof. Dr. Arnold Lohaus
Universität Bielefeld

Prof. Dr. Jochen Müsseler
RWTH Aachen

Prof. Dr. Astrid Schütz
Otto-Friedrich-Universität Bamberg

Weitere Bände in der Reihe http://www.springer.com/series/12310

Karl-Heinz Renner · Nora-Corina Jacob

Das Interview

Grundlagen und Anwendung
in Psychologie und
Sozialwissenschaften

Karl-Heinz Renner
Institut für Psychologie, Universität der
Bundeswehr München
Neubiberg, Deutschland

Nora-Corina Jacob
Institut für Psychologie, Universität der
Bundeswehr München
Neubiberg, Deutschland

Zusätzliches Material zu diesem Buch finden Sie auf http://www.lehrbuch-psychologie.springer.com.

ISSN 2626-0441 ISSN 2626-0492 (electronic)
Basiswissen Psychologie
ISBN 978-3-662-60440-3 ISBN 978-3-662-60441-0 (eBook)
https://doi.org/10.1007/978-3-662-60441-0

Die Deutsche Nationalbibliothek verzeichnet diese Publikation in der Deutschen Nationalbibliografie; detaillierte bibliografische Daten sind im Internet über http://dnb.d-nb.de abrufbar.

© Springer-Verlag GmbH Deutschland, ein Teil von Springer Nature 2020
Das Werk einschließlich aller seiner Teile ist urheberrechtlich geschützt. Jede Verwertung, die nicht ausdrücklich vom Urheberrechtsgesetz zugelassen ist, bedarf der vorherigen Zustimmung des Verlags. Das gilt insbesondere für Vervielfältigungen, Bearbeitungen, Übersetzungen, Mikroverfilmungen und die Einspeicherung und Verarbeitung in elektronischen Systemen.
Die Wiedergabe von allgemein beschreibenden Bezeichnungen, Marken, Unternehmensnamen etc. in diesem Werk bedeutet nicht, dass diese frei durch jedermann benutzt werden dürfen. Die Berechtigung zur Benutzung unterliegt, auch ohne gesonderten Hinweis hierzu, den Regeln des Markenrechts. Die Rechte des jeweiligen Zeicheninhabers sind zu beachten.
Der Verlag, die Autoren und die Herausgeber gehen davon aus, dass die Angaben und Informationen in diesem Werk zum Zeitpunkt der Veröffentlichung vollständig und korrekt sind. Weder der Verlag, noch die Autoren oder die Herausgeber übernehmen, ausdrücklich oder implizit, Gewähr für den Inhalt des Werkes, etwaige Fehler oder Äußerungen. Der Verlag bleibt im Hinblick auf geografische Zuordnungen und Gebietsbezeichnungen in veröffentlichten Karten und Institutionsadressen neutral.

Einbandabbildung: © fizkes/stock.adobe.com

Planung/Lektorat: Joachim Coch
Springer ist ein Imprint der eingetragenen Gesellschaft Springer-Verlag GmbH, DE und ist ein Teil von Springer Nature.
Die Anschrift der Gesellschaft ist: Heidelberger Platz 3, 14197 Berlin, Germany

Vorwort und Übersicht

Warum dieses Buch? Das Interview wird in den Sozialwissenschaften sehr häufig und in der praktischen Arbeit von Psychologinnen und Psychologen als *das* häufigste Instrument zur Datenerhebung eingesetzt (Westhoff und Strobel 2011). Die Durchführung von Interviews zählt deshalb zu den diagnostischen Routinetätigkeiten, zu denen ein Studium des B.Sc.-Psychologie gemäß den Empfehlungen der Deutschen Gesellschaft für Psychologie qualifizieren soll. Das vorliegende Lehrbuch kann als begleitende Lektüre für ein Interview-Seminar verwendet werden. Da die praktische Durchführung von Interviews geübt werden muss, schlagen wir im *Anhang 1* ein *Seminarkonzept zur Vermittlung praxisbezogener Interviewkompetenzen* vor, das wir seit vielen Jahren im Bachelorstudium Psychologie mit positiven Evaluationen umsetzen. Wir führen gemeinsam an der Universität der Bundeswehr München regelmäßig Praxisseminare zur Interviewmethode für Psychologiestudierende durch. Dabei arbeiten wir in Kleingruppen mit Videofeedback und lassen Studierende eigene Interviewleitfäden entwickeln, Interviews durchführen und auswerten. In unserer eigenen Forschung haben wir selbst umfassende Interviewstudien durchgeführt und ausgewertet und mehrere Interviewtrainings im Forschungs- und Unternehmenskontext geleitet. Vor diesem Hintergrund kennen wir die Komplexität und die Herausforderungen der Interviewmethode und möchten unsere Erfahrungen und unser Wissen in diesem Buch mit Ihnen teilen.

Was erwartet Sie in den einzelnen Kapiteln dieses Buches?

Wie ein Interview in der Psychologie definiert wird, welche Unterschiede zwischen einem Interview und einem Alltagsgespräch bestehen und welche Begrifflichkeiten zur Interview-Methode vorliegen (Gespräch, Anamnese, Exploration) sind Fragen, die im *ersten Kapitel* beantwortet werden. Wir machen in diesem Kapitel auch deutlich, dass in vielen Fällen fließende Übergänge zwischen

Diagnostik und Intervention bestehen, z. B. wenn nach Ausnahmen zu einem belastenden Verhalten oder Interaktionsmuster gefragt wird (Wann tritt das Problem nicht auf?). Interviews variieren auf unterschiedlichen Merkmalen, z. B. im Hinblick auf das Setting (Face-to-Face, telefonisch, online), die Dauer und die beteiligten Personen. Die daraus resultierende Bandbreite des Interviews ist ebenfalls Gegenstand von Kap. 1. Ein eigener Abschnitt ist dem besonders zentralen Unterscheidungsmerkmal der Ebenen und Grade der Strukturierung und Standardisierung von Interviews gewidmet. Mit Standardisierung ist das Ausmaß gemeint, in dem die Fragen, die Antworten, die Auswertung und das Verhalten des Interviewers festgelegt sind.

Die Beliebtheit der Interview-Methode hängt möglicherweise mit der scheinbaren Ähnlichkeit zu Alltagskonversationen und ihrer vordergründigen Einfachheit zusammen: Fragen stellen kann schließlich jeder, oder?! Im *zweiten Kapitel* wird die vermeintliche Einfachheit des Interviews „dekonstruiert". Wir zeigen, dass es sich bei Interviews um außerordentlich komplexe Informationsverarbeitungsprozesse handelt. Dabei spielen u. a. Emotionen, Motive, wechselseitige Verstärkung und Synchronisation auf der non- und paraverbalen Ebene, Ersteindrucks-, Stereotypisierungs- und Kategorisierungsprozesse sowie Persönlichkeitsmerkmale in einem asynchronen Kommunikationsprozess eine Rolle. Aus der Komplexität des Interviewprozesses und den daraus resultierenden potenziellen Problemen lassen sich eine Reihe von Konsequenzen für die Gestaltung von Interviews ableiten (z. B. für die Beziehungsgestaltung oder das Einplanen von Meta-Kommunikation).

Im *dritten Kapitel* wird skizziert, wie die Interview-Methode in drei Anwendungsfeldern der Psychologie zum Einsatz kommt; zudem gehen wir auf einige Typen von Interviews in der biographischen Persönlichkeits- und der qualitativen Sozialforschung ein. In der Klinischen Psychologie und Psychotherapie ziehen sich Interviews im Sinne von Gesprächen durch den gesamten diagnostisch-therapeutischen Prozess und sind mit ganz unterschiedlichen Zielen, wie z. B. der klassifikatorischen Einordnung eines Störungsbildes oder der Evaluation von Veränderungen verbunden. Innerhalb verschiedener Therapieschulen sind jeweils spezielle Arten der Gesprächs- und Interviewführung entwickelt worden, die wir am Beispiel der Gesprächspsychotherapie und der lösungsorientierten Kurzzeittherapie verdeutlichen. Zudem weisen wir auf spielbasierte Befragungstechniken für Kinder hin.

In der Personalpsychologie werden Interviews insbesondere in Form von Auswahl- und Bewerbungsgesprächen geführt, die dann besonders zielführend sind, wenn ein höherer Grad an Strukturierung umgesetzt wird. Wir stellen das Multimodale Interview® und die entscheidungsorientierte Gesprächsführung als etablierte und validierte Formen des strukturierten Bewerbungsgesprächs vor. Als Beispiel für eine forensisch-psychologische Gesprächstechnik, die darauf abzielt, die Zuverlässigkeit von Zeugenaussagen zu steigern, wird das Kognitive Interview beschrieben. Wir weisen in diesem Zusammenhang auch auf die Relevanz und Brisanz der Forschungsergebnisse zu sogenannten false memories hin.

Exemplarisch für den Einsatz von Interviews in der psychologischen Forschung werden die freie Exploration in der biographischen Persönlichkeitsforschung von Hans Thomae sowie der neuere biographisch-narrative Ansatz von Dan P. MacAdams dargestellt. Nach einer kurzen Übersicht zu einigen Gemeinsamkeit der qualitativen Forschung und zum Stellenwert der Interview-Methode in diesem Paradigma gehen wir kurz auf das narrative und das fokussierte Interview ein.

Das *vierte Kapitel* ist der Konzeption und Erstellung eines Interviewleitfadens gewidmet. Wir erklären, wie Fragen am besten formuliert werden und welche Typen von Fragen an welchen Stellen des Leitfadens zum Einsatz kommen sollten. Jedes Interview folgt einer Dramaturgie, die sich mit Hilfe der Fragen und insbesondere durch den Aufbau des Interviewleitfadens in Eröffnung, Hauptteil und Abschluss gestalten lässt. Ein Interviewleitfaden zum Thema „Studium mit Kind" und Ausschnitte aus einem Leitfaden zum Thema „Kreativität und Innovation" für Interviews mit Führungskräften sind in den *Anhängen 2 und 3* zu finden.

Nachdem das Interview konzipiert und ein Interviewleitfaden erstellt wurde, müssen Interviewpartnerinnen und -partner angeworben und eingeladen werden. Das Setting des Interviews muss vorbereitet und die Interviewerin bzw. der Interviewer muss das Gespräch verbal und nonverbal führen. Nachdem zu einem inhaltlichen Abschnitt des Interviews alle relevanten Informationen gesammelt wurden, empfiehlt es sich als Interviewer_in eine Zusammenfassung zu liefern, um zu prüfen, ob alles richtig verstanden wurde. Zudem sollte insbesondere vor Interviews zu heiklen Themen oder mit potenziell schwierigen Interviewpartnern_innen der Umgang mit schwierigen Gesprächssituationen reflektiert und erprobt werden – etwa wenn der/die Interviewte die Person der/des Interviewenden zum Thema macht und z. B. deren Kompetenz anzweifelt. Alle diese Themen werden im *fünften Kapitel* erörtert und zudem die ethischen und rechtlichen Rahmenbedingungen der Interviewdurchführung auf Grundlage der ethischen Richtlinien der Deutschen Gesellschaft für Psychologie und des Berufsverbandes Deutscher Psychologinnen und Psychologen sowie einiger gesetzlicher Grundlagen, insbesondere der Datenschutz-Grundverordnung (DSGVO) dargelegt. Kap. 5 endet mit der Frage, was einen guten Interviewer bzw. eine gute Interviewerin ausmacht und wie ein Interviewtraining gestaltet sein sollte.

Die Qualität eines Interviews als diagnostisches Instrument kann vor dem Hintergrund der Testgütekriterien beurteilt werden. Im *sechsten Kapitel* wird deshalb zunächst die Frage aufgeworfen, ob und inwieweit die klassischen Testgütekriterien (Objektivität, Reliabilität und Validität) auf Interviews übertragbar sind. Dabei werden auch alternative Gütekriterien aus der qualitativen Sozialforschung berücksichtigt (kommunikative Validierung und Handlungsvalidierung). Gütekriterien lassen sich am besten bei standardisierten Interviews bestimmen, wie sie in der Klinischen Psychologie und Personalpsychologie zum Einsatz kommen. Diesbezügliche Befunde, z. T. aus Meta-Analysen, werden ebenfalls im Kap. 6 referiert.

Im *siebten Kapitel* werden fünf Möglichkeiten zur Auswertung von Interviews vorgestellt. Die ersten vier Methoden beziehen sich auf die verbalen Inhalte, die fünfte Methode dagegen auf das non- und paraverbale Verhalten im Interview. Die verbalen Inhalte lassen sich quantitativ einschätzen, z. B. wenn in einem klinischen Interview vor dem Hintergrund der Antworten eines Patienten entschieden wird, ob und in welchen Ausmaß die Kriterien für eine psychische Störung erfüllt sind. Die zweite Möglichkeit der Interviewauswertung ist die quantitative Textanalyse bei der computergestützt Wörter (z. B. gut, freudig, Interesse, schön) gezählt und automatisch bestimmten Kategorien (z. B. positive Emotionen) zugeordnet werden. Eine weitere, naheliegende Methode zur Auswertung von verbalen Daten ist die thematische, regelgeleitete Zusammenfassung der Antworten der interviewten Person. Besonders aufwändig ist die qualitative Inhaltsanalyse, bei der zu den verbalen Daten von Probanden vor dem Hintergrund einer Theorie und/oder auf der Basis des gesamten Interviewmaterials zunächst ein Kategoriensystem konstruiert wird. Voraussetzung ist die Transkription der aufgezeichneten verbalen Daten. Wir erläutern, wie ein Kategoriensystem erstellt und wie die Qualität des Systems und der daraus resultierenden Inhaltsanalyse mit Hilfe der Kodiererübereinstimmung geschätzt werden kann. Da die meisten Interviews face-to-face durchgeführt werden, kann außer den verbalen Daten auch das non- und paraverbale Verhalten analysiert werden; das diesbezügliche Potenzial wird an einem Beispiel aus der Schizophrenie-Diagnostik und an einem Beispiel aus der Personalauswahl demonstriert.

Für die kritische Durchsicht des Manuskripts und die Unterstützung bei der Erstellung des Literaturverzeichnisses bedanken wir uns bei Lukas Konhäuser, Lisa-Madeleine Edeler und Alexander Misch. Wir bedanken uns bei Anja Gessner für die Überlassung des Beispiels zur Berechnung der Kodiererübereinstimmung. Unser Dank gilt zudem Jürgen Kriz, dem Herausgeber dieser Lehrbuch-Reihe, für die stets geduldige und zugleich motivierende Unterstützung sowie für seine detaillierten und hilfreichen Rückmeldungen zum Manuskript dieses Buches.

Viel Spaß beim Lesen und bei der Planung, Durchführung und Auswertung von Interviews!

Karl-Heinz Renner
Nora-Corina Jacob

Inhaltsverzeichnis

1 Was ist ein Interview? 1
   1.1 Begriffsklärungen und Bandbreite der Interviewmethode 1
      1.1.1 Begriffsherkunft und Definitionen 1
      1.1.2 Alltagsgespräch vs. Interview 3
      1.1.3 Exploration und Anamnese 5
      1.1.4 Das Interview an der Schnittstelle zwischen
Diagnostik und Intervention 7
      1.1.5 Bandbreite von Interviews 8
   1.2 Ebenen und Grade der Strukturierung und Standardisierung
in Interviews 11
      1.2.1 Das hoch standardisierte Interview, Vor- und Nachteile ... 13
      1.2.2 Das unstandardisierte Interview, Vor- und Nachteile 14
      1.2.3 Der Mittelweg: Das teilstandardisierte bzw.
halbstrukturierte Interview 16

2 Zur Komplexität des Interviews 19
   2.1 Analyse des Interviews aus verschiedenen psychologischen
Perspektiven 20
   2.2 Die Sozialpsychologie des Interviews 22
   2.3 Die Gestaltung der Interviewsituation 24
   2.4 Vorteile des Interviews gegenüber Fragebögen 26

3 Anwendungsgebiete und Typen von Interviews in der Psychologie ... 29
3.1 Interviews in unterschiedlichen psychologischen Anwendungsfeldern ... 30
    3.1.1 Klinische Psychologie und Psychotherapie ... 30
    3.1.2 Personalpsychologie ... 32
    3.1.3 Forensische Psychologie ... 35
3.2 Interviews in der psychologischen Forschung ... 38
    3.2.1 Biographische Persönlichkeitsforschung ... 38
    3.2.2 Interviewtechniken der qualitativen Sozialforschung ... 42

4 Konzeption und Erstellung eines Interviewleitfadens ... 47
4.1 Hinweise zur Formulierung von Fragen ... 47
    4.1.1 Einfachheit und Kürze ... 48
    4.1.2 Eindeutigkeit ... 48
    4.1.3 Weitere Prinzipien ... 49
4.2 Typen von Fragen ... 50
    4.2.1 Funktionale Fragen ... 51
    4.2.2 Formale Fragen ... 53
4.3 Hinweise zum Aufbau des Interviewleitfadens ... 57
    4.3.1 Eröffnung des Interviews ... 58
    4.3.2 Hauptteil des Interviews ... 60
    4.3.3 Abschluss des Interviews ... 62
    4.3.4 Zusammenfassung zum Aufbau des Interviews ... 64

5 Planung und Durchführung von Interviews ... 65
5.1 Anwerbung und Einladung von Interviewpartnerinnen und -partnern ... 65
5.2 Vorbereitung und Eröffnung des Interviews ... 67
5.3 Gesprächsführung und Beziehungsaufbau ... 70
    5.3.1 Verbale und nonverbale Steuerungsmöglichkeiten des Gesprächsflusses ... 70
    5.3.2 Themenwechsel und Zusammenfassungen als Strategien der Gesprächsführung ... 72
    5.3.3 Umgang mit schwierigen Gesprächssituationen ... 73
5.4 Rechtliche und ethische Rahmenbedingungen der Interviewdurchführung ... 75

5.5	Merkmale eines guten Interviewers und Förderung durch Interviewtrainings	77
	5.5.1 Was zeichnet eine gute Interviewerin bzw. einen guten Interviewer aus?	78
	5.5.2 Interviewtrainings	80
6	**Gütekriterien von Interviews**	**85**
6.1	Übertragung der Testgütekriterien auf Interviews	85
	6.1.1 Objektivität	86
	6.1.2 Reliabilität	87
	6.1.3 Validität	88
6.2	Gütekriterien bei standardisierten Interviews	91
7	**Auswertung von Interviews**	**95**
7.1	Quantitative Einschätzung der Antworten	95
7.2	Inhaltliche Zusammenfassung der Antworten	97
7.3	Qualitative Inhaltsanalyse	98
	7.3.1 Definition und Voraussetzungen der Inhaltsanalyse	99
	7.3.2 Ablauf einer qualitativen Inhaltsanalyse	100
7.4	Quantitative Textanalyse	110
7.5	Analyse des non- und paraverbalen Verhaltens in Interviews	112

Anhang 1: Ein Seminarkonzept zur Vermittlung praxisbezogener Interviewerkompetenzen ... 115

Anhang 2: Interviewleitfaden Studium mit Kind ... 123

Anhang 3: Ausschnitt aus einem Führungskräfte-Interviewleitfaden zum Thema Kreativität und Innovation ... 135

Literatur ... 139

Stichwortverzeichnis ... 147

Was ist ein Interview?

Im vorliegenden Kapitel wird im Abschn. 1.1 zunächst erläutert, was man in der wissenschaftlichen Psychologie unter einem Interview versteht. Dabei werden die Herkunft des Begriffs Interview geklärt, Definitionen zum Interview gegeben (Abschn. 1.1.1) und das Interview von einem Alltagsgespräch abgegrenzt (Abschn. 1.1.2). Exploration und Anamnese lassen sich als spezifische Interviewformen beschreiben (Abschn. 1.1.3). Zudem können bestimmte Interviewtechniken Veränderungsprozesse initiieren und den manchmal fließenden Übergang zwischen Diagnostik und Intervention verdeutlichen (Abschn. 1.1.4). Obwohl Interviews häufig zwischen zwei Personen und im direkten Face-to-Face-Kontakt ablaufen, lassen sich Interviews im Hinblick auf einige Merkmale, wie z. B. das Setting, die Rolle der befragenden Person und insbesondere den Grad der Strukturierung und Standardisierung differenzieren (Abschn. 1.1.5). Dem besonders zentralen Merkmal der Ebenen und Grade der Strukturierung und Standardisierung ist der gesamte zweite Hauptabschnitt des ersten Kapitels gewidmet. Interviews lassen sich im Hinblick auf die Fragen, die Antworten, das Interviewendenverhalten und die Auswertung mehr oder weniger standardisieren (Abschn. 1.2).

1.1 Begriffsklärungen und Bandbreite der Interviewmethode

1.1.1 Begriffsherkunft und Definitionen

Jeder und jede Psychologiestudierende würde wohl intuitiv erklären können, was ein Interview ist und dabei zwei typische Merkmale nennen, nämlich a) zwei Personen treffen sich und b) eine Person stellt Fragen und die andere Person gibt

Antworten. Das erste Merkmal ist bereits in der Herkunft des Wortes Interview enthalten: Laut etymologischem Wörterbuch leitet sich Interview vom französischen „entrevue" – das ist eine „verabredete Zusammenkunft" – ab. Das entsprechende Verb „entrevoir" bedeutet „einander kurz sehen, sich begegnen, treffen". Das zweite typische Merkmal (Fragen und Antworten) taucht in allen, auch in älteren Definitionen der Interviewmethode in der Psychologie auf, wie z. B.:

> Zielgerichtete mündliche Kommunikation zwischen einem oder mehreren Befragern und einem oder mehreren Befragten, wobei eine Informationssammlung über das Verhalten und Erleben der zu befragenden Person(en) im Vordergrund steht. (Keßler 1995, S. 429)

> Ein psychologisches Interview ist ein Gespräch zwischen einem oder mehreren Interviewern auf der einen und einem oder mehreren Interviewten auf der anderen Seite, das nach impliziten und expliziten Regeln abläuft und dazu dient, Informationen zur Beschreibung, Erklärung oder Vorhersage individuellen Verhaltens oder der Beziehung zwischen Personen zu erheben oder Informationen zu den Bedingungen zu gewinnen, die individuelles Verhalten oder die Beziehung zwischen Personen ändern oder aufrecht halten. (Westhoff 2000, S. 18)

In beiden Definitionen wird deutlich, dass psychologische Interviews nicht nur zwischen zwei Personen ablaufen können. Vielmehr können sowohl auf Seiten der Fragenden, als auch auf Seiten der Antwortenden jeweils mehrere Personen beteiligt sein. Zudem betreffen psychologische Interviews das Erleben und Verhalten von Personen und zielen nach der zweiten Definition auf Beschreibung, Erklärung und Vorhersage, auf Beziehungsdiagnostik oder Bedingungsanalyse ab. Bei dem zuletzt genannten Ziel geht es darum, externe oder interne Bedingungen zu erheben, die Erleben und Verhalten auslösen oder aufrechterhalten. So könnte in einem Interview mit einer Person, die sich das Rauchen abgewöhnen möchte, z. B. herausgearbeitet werden, dass diese Person immer dann zur Zigarette greift, wenn sie andere Personen sieht, die rauchen, oder wenn sie sich belastet fühlt. Solche Informationen können dann in Interventionen genutzt werden. Mit dem Beispiel Rauchen wurde die Bedingungsanalyse vor dem Hintergrund eines unerwünschten Problemverhaltens erläutert. Es können aber natürlich auch die Bedingungen für erwünschtes, positives Verhalten erfragt werden oder die Bedingungen, unter denen ein Problemverhalten *nicht* auftritt. Solche Fragen nach Ausnahmen von einem Problemmuster stehen im Mittelpunkt der lösungsorientierten Kurzzeittherapie (siehe Abschn. 1.1.4).

1.1.2 Alltagsgespräch vs. Interview

Das Interview als Methode zur Datenerhebung ist möglicherweise deshalb so beliebt, weil es auf den ersten Blick einem Alltagsgespräch ähnelt und das Stellen von Fragen ja nicht so schwer ist. Doch der Schein trügt: Ein valides Interview zu führen, ist wesentlich komplexer und schwieriger als einen Intelligenztest oder Persönlichkeitsfragebogen zu administrieren (vgl. hierzu v. a. die Kap. 2, 4 und 5). Zudem unterscheidet sich ein alltägliches Gespräch in einigen entscheidenden Merkmalen von einem Interview. So wird das Interview in den zitierten Definitionen als „zielgerichtete mündliche Kommunikation" bzw. als regelgeleitetes Gespräch bezeichnet. Eine Alltagskonversation folgt dagegen nicht unbedingt einem expliziten Zweck und ist weniger regelgeleitet bzw. basiert auf anderen, eher impliziten Regeln. Weitere Unterschiede zwischen einer Alltagskonversation und einem Interview werden nachfolgend in Anlehnung an Dyer (2006) genannt (vgl. hierzu auch die zusammenfassende Tab. 1.1).

Tab. 1.1 Unterschiede zwischen Alltagskonversation und Interview in Anlehnung an Dyer (2006)

Alltagskonversation	Interview
Nicht unbedingt expliziter Zweck	Zweck, Ziel
Wiederholungen sind in der Regel unerwünscht	Wiederholungen sind oft notwendig
Beide können Fragen stellen	Hauptsächlich der Interviewende stellt Fragen (festgelegte Rollen)
Interesse und Desinteresse an bestimmten Themen wird von beiden ausgedrückt	Eher der Interviewende drückt Interesse und Desinteresse aus
Basiert auf implizitem Wissen	Implizites Wissen soll möglichst explizit werden
Allzu detaillierte Antworten und Statements werden in der Regel aus Höflichkeit vermieden	Antworten sollten so detailliert wie möglich sein
Nicht unbedingt formeller Rahmen	Formeller Rahmen

1. Während im Alltag Wiederholungen in Gesprächen eher vermieden werden, ist die Wiederholung von Fragen in einem Interview eine Technik, um möglichst vollständig Auskunft zu erhalten. Dabei kann eine Frage zu einem Thema in verschiedenen Formulierungen gestellt werden, wenn die interviewte Person eine Frage nicht versteht oder wenn verschiedene Aspekte eines Themas möglichst detailliert geschildert werden sollen.
2. In einem alltäglichen Gespräch können alle Beteiligten Fragen stellen, während in einem Interview – von einigen Ausnahmen abgesehen (z. B. Nachfragen des Interviewten bei Verständnisschwierigkeiten) – nur der Diagnostiker bzw. die Diagnostikerin Fragen stellt. Es liegt also eine explizite Rollenverteilung vor, die festlegt, wer fragt und wer antwortet.
3. Mit dieser Rollenverteilung ist auch die einseitige Möglichkeit verbunden, den Redefluss einer Person durch mehr oder weniger explizite Signale zu regulieren, d. h. den Redefluss zu stimulieren oder zu bremsen, indem man (Des)Interesse an einem Thema zeigt. Während in einem Alltagsgespräch alle Beteiligten (Des)Interesse durch nonverbale und verbale Äußerungen signalisieren können (z. B. Nicken, Wegschauen; „Ja"; „Richtig!"; „Das ist interessant!"), ist es die alleinige Aufgabe eines Interviewenden, den Informationsfluss durch solche Signale zu steuern. Es kann auch notwendig sein, dass eine Interviewerin oder ein Interviewer eine befragte Person in ihrem Redefluss unterbricht und explizit darauf hinweist, dass die geäußerten Inhalte nicht zum Thema des Interviews gehören (vgl. Abschn. 5.3.1).
4. Alltagskonversationen – gerade zwischen Personen, die sich gut kennen – basieren häufig auf implizitem, gemeinsamem Hintergrundwissen, das auch nicht weiter verbalisiert wird. Hier ein Beispiel:
    - A: Heute kommt ein Tatort!
    - B: Welcher?
    - A: Neuer Kölner.
    - B: Ach schön!

Der kurze Dialog mag z. B. auf dem geteilten Wissen zweier Personen basieren, dass es sich bei einem „Tatort" um eine Fernsehsendung handelt, die sich aus verschiedenen Gründen zur Abendgestaltung eignet, dass gerade ein Kölner Tatort besonders interessant ist und dass mit der Äußerung „Ach schön!" die Entscheidung gefallen ist, den neuesten Fall von Freddy Schenk und Max Ballauf anzusehen. Welche bewussten oder unbewussten Motive und aktuellen situativen Bedingungen damit zusammenhängen, dass ein Tatort und ausgerechnet ein Kölner Tatort oder dass überhaupt TV-Unterhaltung bei diesen beiden Personen zur Abendgestaltung herangezogen wird, muss und soll auch

1.1 Begriffsklärungen und Bandbreite der Interviewmethode

gar nicht weiter expliziert werden. In einem Interview geht es aber nun gerade darum, solche impliziten Wissensbestände möglichst explizit zu machen.
5. Interviews zielen darauf ab, zu bestimmten Themen möglichst viele und auch möglichst detaillierte Informationen zu sammeln. Auch im Alltag mag sich eine Gesprächspartnerin oder ein Gesprächspartner in bestimmten Fällen sehr für alle Details eines Themas interessieren. So wird ein Student, dessen mündliche Prüfung noch bevorsteht, die Fragen die ein Dozent gestellt hat und auch sein Verhalten als Prüfer von einem Freund, der die Prüfung bereits hinter sich hat, sicherlich sehr genau wissen wollen. Dasselbe gilt für Studentinnen, Dozentinnen, Prüferinnen und Freundinnen. Bei vielen Fragen im Alltag werden allerdings allzu lange Haupterzählungen und allzu viele Details aus Gründen der Höflichkeit vermieden. Es ist zwar höflich und zeugt möglicherweise sogar von einem genuinen Interesse, wenn eine Person ihre Arbeitskollegin oder ihren Arbeitskollegen fragt, wie der Urlaub war. Doch es wäre merkwürdig, wenn die Kollegin oder der Kollege dann einen minutenlangen Monolog liefert. Solche Konventionen und Höflichkeitsregeln im Hinblick auf die Antwortlänge sind in Interviews bei den relevanten Themen nicht zutreffend.
6. Interviews in der psychologischen Forschung finden im Gegensatz zu Alltagsgesprächen in einem formelleren Rahmen statt, z. B. in den Räumlichkeiten eines psychologischen Instituts nach Terminvereinbarung. Alltagsgespräche können dagegen an ganz verschiedenen Orten und Zeiten auch zufällig stattfinden, etwa wenn man Bekannte in der Fußgängerzone trifft.

1.1.3 Exploration und Anamnese

Die Begriffe „Gespräch" oder „Befragung" werden manchmal als Synonyme für „Interview" verwendet, teilweise aber auch als Oberbegriffe. So wird das Interview von verschiedenen Autorinnen und Autoren als *mündliche Form der Befragung* expliziert (z. B. Hron 1994; Schwarzer 1983; Bortz und Döring 2016) und der schriftlichen Befragung gegenübergestellt. Neben den synonymen Bezeichnungen Gespräch, mündliche Befragung und Interview, handelt es sich bei einer *Exploration* und der *Anamnese* um spezifische Formen des Interviews, die im Folgenden erläutert werden.

Wenn die Erkundung des subjektiven Lebensraums einer Probandin oder eines Probanden im Mittelpunkt steht, spricht man von einer *Exploration* (Fisseni 2004, S. 142). Die Exploration stellt die Hauptmethode der biographischen Persönlichkeitstheorie von Hans Thomae dar und dient der unvoreingenommenen Erfassung von Persönlichkeitsmerkmalen, Einstellungen, Werthaltungen usw. der Person (vgl. Abschn. 3.2.1). Als diagnostisches Instrument geht die freie Exploration nach Thomae deutlich über das klassische Interview hinaus, da sie wenig strukturiert ist, einen Spontanbericht der interviewten Person beinhaltet und zur freien Erzählung der oder des Befragten als Expertin und Experte seiner oder ihrer selbst anregen soll (vgl. Laux 2008).

Der Begriff *Anamnese* wiederum stammt aus der Medizin und wird dort verwendet, wenn Daten zur Vorgeschichte einer erkrankten Person erfragt werden (vgl. z. B. Kubinger 2003a; Fisseni 2004). Es geht also darum, Informationen zur Krankheitsgeschichte zu sammeln, *bevor* die eigentliche Behandlung beginnt. Im Gegensatz dazu werden in einer *Katamnese* rückblickend Informationen gesammelt, *nachdem* die Behandlung abgeschlossen wurde. Katamnesen können Wochen, Monate oder sogar Jahre nach Abschluss einer Behandlung erfolgen und dienen u. a. dazu, die Stabilität der Behandlungseffekte abzuschätzen. In der Psychologie versteht man unter einer Anamnese ebenfalls die störungsbezogene Vorgeschichte einer Person (z. B. Kubinger 2003a), von einigen Autorinnen und Autoren wird der Begriff aber auch weiter gefasst und auf die Erhebung der gesamten Biografie eines Menschen bezogen (z. B. Fisseni 2004; Schmidt und Keßler 1976). Um Missverständnisse zu vermeiden, sollte man dann aber besser von einem *biografischen Interview* sprechen. Ein Blick auf die Zielsetzungen publizierter Anamnese-Instrumente in der Psychologie zeigt jedenfalls, dass es darin in erster Linie um die störungsbezogene Vorgeschichte einer Klientin oder eines Klienten geht. In diesem Zusammenhang ist die Unterscheidung zwischen Eigen- und Fremdanamnese relevant (vgl. z. B. Daseking und Petermann 2006; Kubinger 2003a).

In der *Eigenanamnese* gibt eine betroffene Person selbst Auskunft über ihre störungsbezogene Vorgeschichte. In einer *Fremdanamnese* werden dagegen andere Personen, z. B. die Eltern eines Kindes, zur Vorgeschichte befragt. Ein Beispiel für die erste Variante ist das systemisch orientierte Erhebungsinventar zur Eigenanamnese bei Kindern von Kubinger (2003b). Es handelt sich dabei um einen Gesprächsleitfaden, der bei 6- bis 16-jährigen „symptombeladenen" Kindern und Jugendlichen eingesetzt werden kann und acht Fragenkomplexe umfasst. Dazu zählen die Bereiche Beziehungen und Beziehungsbewertungen („Wen alles stört Dein Symptom?", Kubinger 2003b, S. 259), Verhalten („Wer hat alles im Zusammenhang mit Deinem Symptom etwas unternommen, versucht, dagegen anzukämpfen?", Kubinger 2003b, S. 259), Stabilisierungsmechanismen („In welchen Situationen/unter welchen Bedingungen, meinst du, hast du das Symptom (besonders)?", Kubinger 2003b, S. 260), aber auch nach Ressourcen wird gefragt („Was alles kannst du (ab) jetzt einbringen/tun, um dein Symptom zu bekämpfen/ um eine Besserung zu erreichen?", Kubinger 2003b, S. 260). Angesichts der teilweise komplexen Fragen scheint uns das Inventar eher für ältere Kinder geeignet zu sein, die bereits über ausreichend Reflexionsfähigkeiten verfügen.

Ein Beispiel für eine Fremdanamnese ist der anamnestische Elternfragebogen von Deegener (2001), der als schriftliche Befragung administriert wird. Die Eltern psychisch auffälliger Kinder geben in dem Anamnesefragebogen u. a. Auskunft über die Gründe für die Vorstellung in der Klinik, Erziehungsberatungsstelle o. ä. und auch zur Patientenvorgeschichte (z. B. frühkindliche Entwicklung, Schule, Verhältnis zu Geschwistern, Gleichaltrigen und Erwachsenen).

1.1.4 Das Interview an der Schnittstelle zwischen Diagnostik und Intervention

Es sei bereits an dieser Stelle angemerkt, dass bestimmte Interviewtechniken auch Veränderungsprozesse initiieren können. Wenn eine Person z. B. konsequent nach ihren Stärken bzw. Ressourcen oder nach Ausnahmen zu einem bestehenden psychischen Problem gefragt wird, dann wird damit nicht nur eine Beschreibung für die/den Diagnostiker_in geliefert. Vielmehr wird die Aufmerksamkeit einer Probandin oder eines Probanden auf persönliche Ressourcen gelenkt, die zu einem Perspektivwechsel und einer Veränderung ihres/seines Problems beitragen können. Dieses Beispiel zeigt, dass der Übergang zwischen Diagnostik und Intervention manchmal fließend ist und bestimmte Fragen in dem Sinne als Interventionen aufgefasst werden müssen, als damit Reflexionsprozesse bei der oder dem Befragten angestoßen werden, die positive, aber auch negative Effekte zur Folge haben können. Im Coaching werden beispielsweise gezielt Fragetechniken eingesetzt, die sowohl der Informationsgewinnung über den/die Teilnehmende_n als auch der Anregung von Reflexionsprozessen und der Ressourcenaktivierung dienen. So etwa die Wunderfrage (siehe Abschn. 3.1.1), Ausnahmefragen und verschiedene Ressourcenfragen, die der lösungsorientierten Therapie nach Steve deShazer entstammen (siehe z. B. de Shazer und Dolan 2018). Im lösungsorientierten Ansatz nach deShazer wird nach Ausnahmen von Problemsituationen gefragt, also wann das geschilderte Problem nicht auftritt. Durch das Fragen nach den konkreten Bedingungen und Gegebenheiten dieser Ausnahmen, werden Muster deutlich, die in der Zukunft zur Lösung des Problems genutzt werden können. So könnte man einen redeängstlichen Studenten fragen, ob er in der Vergangenheit schon einmal ein Referat gehalten hat, bei dem er (deutlich) weniger oder vielleicht sogar keine Redeangst erlebt hat. Wenn es ein derartiges Referat in der Vergangenheit gibt, würde man weiter nach den Bedingungen fragen, die bei diesem (relativ) redeangstfreien Referat anders waren, als bei den anderen Referaten. Evtl. hat sich der Student bei diesem Referat besonders gut vorbereitet und es vorher mehrmals durchgesprochen; oder er hat das Referat nicht alleine gehalten, sondern zusammen mit einem oder einer Mitstudierenden. Wenn solche hilfreichen Bedingungen identifiziert werden können, wäre die nächste Frage, ob der Student diese Bedingungen bei zukünftigen Referaten wieder herstellen kann, nach dem Motto: Wenn etwas funktioniert, mach mehr davon. Derselbe Prozess gilt auch für eine redeängstliche Studentin. DeShazer versteht die Klientin bzw. den Klienten gewissermaßen als Expertin bzw. Experten seiner oder ihrer Lebenswelt und unterstützt durch Fragen das Entdecken von Lösungen (vgl. Laux 2008). Die Exploration hat hier demnach starken Interventionscharakter.

> Exkurs: Die Wunderfrage
> Nehmen wir an, nachdem Sie heute fertig gearbeitet haben, gehen Sie nach Hause. Und Sie tun, was Sie am Abend sonst auch immer tun. Dann legen Sie sich nachts ins Bett und schlafen tief und fest, ohne zu träumen. Und während Sie schlafen, passiert ein Wunder und die Probleme, die Sie mir gerade geschildert haben, sind gelöst.
> Da Sie geschlafen haben, wissen Sie jedoch nicht, dass das Wunder geschehen ist. Am nächsten Morgen wachen Sie auf. Woran merken Sie, dass das Wunder geschehen ist? Schildern Sie mir Ihren Tag.
> Woran merken Sie es noch? Was ist anders? Woran merken es Ihr Partner bzw. Ihre Partnerin, Ihre Kolleginnen und Kollegen, Ihre Freunde und Freundinnen? Wer wird es außer Ihnen noch bemerken? Woran?
> (siehe DeJong und Berg 2014; deShazer 2015)

1.1.5 Bandbreite von Interviews

Die meisten Interviews in der Psychologie, aber auch in anderen Bereichen, etwa im Journalismus, laufen so ab, dass sich zwei Personen treffen und im direkten Face-to-Face-Kontakt Fragen und Antworten austauschen, wobei die Rollen des Fragenden und Antwortenden eindeutig festgelegt sind. In der Psychologie und in den Sozialwissenschaften variiert das, was man unter einem Interview versteht, allerdings ganz enorm im Hinblick auf folgende Merkmale (vgl. hierzu auch Döring und Bortz 2016, S. 356–397; Davies 2006; Trost 1996):

1.1 Begriffsklärungen und Bandbreite der Interviewmethode 9

- Interviews können in verschiedenen *Settings* oder mit Hilfe verschiedener „*Medien*" durchgeführt werden, mit denen ein mehr oder weniger direkter Kontakt der beteiligten Personen einhergeht. Ein klassisches Interview findet im Kontext einer realen Begegnung statt. Seit vielen Jahren werden aber auch Telefoninterviews und seit einigen Jahren auch internetbasierte Interviews durchgeführt, die mit jeweils spezifischen Vor- und Nachteilen verbunden sind (z. B. Ibsen und Ballweg 1974; Link et al. 2007; Stieger und Reips 2008, Gnambs et al. 2011).
- Interviews unterscheiden sich im Hinblick auf ihre *Dauer*. Während Telefoninterviews, insbesondere in der Markt- und Meinungsforschung, oft nur einige Minuten dauern, können Interviews in Beratungs- und Forschungskontexten deutlich mehr Zeit in Anspruch nehmen, sollten aber – je nach Situation und Person – 60 oder 90 min nicht überschreiten, um Aufmerksamkeits-, Konzentrations-, und Motivationsprobleme zu vermeiden (Trost 1996).
- Wie oben bereits ausgeführt, können an einem Interview mehr als nur zwei Personen beteiligt sein; es kann also die *Anzahl der Interviewer und Interviewten* variieren. So kann es in einem Bewerbungsgespräch mehrere Interviewer_innen geben, die einer Kandidatin oder einem Kandidaten Fragen stellen (sogenanntes Panel-Interview oder Board-Interview, Westhoff und Strobel 2011). Der umgekehrte Fall liegt bei einer Focus Group vor. Hier stellt ein Interviewender einer Gruppe von Personen Fragen zu einem bestimmten Thema und lässt sie dann gemeinsam diskutieren (vgl. hierzu Bohnsack 2000).
- Nach der *Rolle der oder des Befragenden* unterscheidet Fisseni (2004, S. 143, siehe auch Bortz und Döring 2016) weiche, neutrale und harte Interviews. Die entsprechenden Rollen sind die der bzw. des warmherzigen, zurückhaltend-interessierten und einschüchternden Interviewenden. Demnach soll in weichen Interviews durch das Verhalten des Befragenden eine offene und warme Atmosphäre geschaffen werden, die es einer Person erleichtert, über ihr Erleben und Verhalten möglichst frei zu sprechen, gerade wenn es sich dabei um Probleme handelt. In diesem Sinne weiche Interviews können von den Prinzipien einer hilfreichen Beziehung Gebrauch machen, wie sie in der von Carl Rogers begründeten Gesprächspsychotherapie (klientenzentrierte Psychotherapie) zu finden sind. Das Beziehungsangebot der Therapeutin oder des Therapeuten ist hier durch drei Aspekte gekennzeichnet: positive Wertschätzung, Empathie, Kongruenz/Echtheit (vgl. Rogers 1983). In der Therapie dienen diese Haltungen u. a. der Förderung der Selbstexploration der Klientin oder des Klienten, während es in einem Forschungsinterview primär darum geht, relevante Informationen vom Gegenüber zu erhalten. Die

zurückhaltend-interessierte Rolle in einem neutralen Interview soll dazu beitragen, Fehlerquellen zu minimieren und die Vergleichbarkeit von Interviews zu sichern. Dies ist beispielsweise in Forschungsinterviews hoch relevant. Harte Interviews dienen nach Fisseni dazu, eine befragte Person zu überrumpeln oder zu provozieren, um die Abwehr zu durchbrechen und Offenheit zu erzwingen (zur kritischen Diskussion dieses Vorgehens, siehe Sticher 2007). Anders ausgedrückt spielt der oder die Diagnostiker_in in einem harten Interview die Rolle des „bad cop", während ihre bzw. seine Rolle im weichen Interview in Richtung „good cop" geht. Als Variante des harten Interviews kann das sogenannte Stressinterview angeführt werden, bei dem eine Person mit Fragen bombardiert und ins „Kreuzverhör" genommen wird, um ihre Stressresistenz zu erfassen. Das Stressinterview wird erstmals 1942 im Zusammenhang mit der Personalauswahl von Polizeikräften in der Literatur beschrieben (Freeman et al. 1942) und ist seitdem als Methode auch in der Personalauswahl in anderen Berufsgruppen im Einsatz. Unter ethischen Gesichtspunkten ist das Stressinterview problematisch und kann auch Abwehrreaktionen bei den Bewerbenden auslösen. Gerade bei besonders aussichtsreichen Kandidatinnen oder Kandidaten könnte dieses Vorgehen dazu führen, dass sie das Interesse an einer ausgeschriebenen Position verlieren.
- Aus der oben zitierten Definition von Westhoff geht hervor, dass Interviews mit verschiedenen *Zielen* verbunden sein können. Interviews, die in erster Linie auf eine möglichst umfassende Beschreibung abzielen, sind in der bereits erwähnten biografischen Persönlichkeitsforschung nach Hans Thomae durchgeführt worden (vgl. Abschn. 3.1). Im Bereich der Klinischen Psychologie und Gesundheitspsychologie interessieren die Bedingungen für ein (dys-)funktionales Verhalten. Vor diesem Hintergrund können dann Interviews geführt werden, die eher auf Erklärung oder zumindest auf die Identifikation von auslösenden und aufrechterhaltenden Bedingungen für problematisches bzw. dysfunktionales Verhalten abzielen (z. B. Kanfer et al. 2012). Interviews im Rahmen der Eignungsdiagnostik zielen dagegen darauf ab, einen möglichst geeigneten, idealerweise sogar den besten Bewerber bzw. die beste Bewerberin auszuwählen, in der Erwartung, dass der oder die ausgewählte Kandidat_in die zu besetzende berufliche Position optimal ausfüllen wird. In eignungsdiagnostischen Interviews ist also die Vorhersage des zukünftigen Verhaltens einer Mitarbeiterin oder eines Mitarbeiters impliziert. Unterschiedliche Ziele der Interview-Methode hängen auch mit forschungsmethodologischen Grundeinstellungen zusammen. So verfolgen Interviews in der qualitativen Sozialforschung teilweise andere Ziele und laufen nach anderen

Regeln ab als Interviews, die im eher quantitativ orientierten Mainstream eingesetzt werden (vgl. hierzu Kap. 3).
- Eine besonders wichtige Dimension zur Unterscheidung von Interviews ist der *Grad der Strukturierung und Standardisierung* der Fragen, des Ablaufs und der Antworten. Auf diese Dimension wird deshalb im nächsten Abschnitt ausführlich eingegangen.

Vor dem Hintergrund dieser Variationsmöglichkeiten lassen sich unterschiedliche Arten bzw. Typen von Interviews unterscheiden. Auf einige dieser Typen werden wir im Kap. 3 eingehen, in dem auch einige Anwendungsgebiete von Interviews unterschieden werden. Zudem lassen sich Interviews insbesondere in Abhängigkeit ihrer Strukturierung und Standardisierung mit unterschiedlichen Methoden auswerten, auf die im Kap. 7 eingegangen wird.

1.2 Ebenen und Grade der Strukturierung und Standardisierung in Interviews

In einem Interview lassen sich vier Aspekte standardisieren: die Fragen, die Antworten, die Auswertung und das Verhalten der oder des Interviewenden. Hinsichtlich der Fragen, können der Wortlaut, die Anzahl und auch die Abfolge standardisiert sein. Die Antworten der befragten Person lassen sich z. B. insofern standardisieren, als nur „ja" oder „nein" als Antwortmöglichkeiten vorgegeben werden. Eine standardisierte Auswertung liegt etwa dann vor, wenn die Antworten der Probandin oder des Probanden nach bestimmten Regeln vorgegebenen Kategorien zugeordnet oder auf zuvor festgelegten Merkmals- und Anforderungsdimensionen quantitativ eingeschätzt werden (Beispiele finden sich im Abschn. 7.1). Die Standardisierung des Interviewendenverhaltens hängt eng mit der Fragenstandardisierung zusammen. Wenn der Wortlaut, die Anzahl und die Abfolge der Fragen bereits festgelegt sind, dann ist damit auch ein Teil des Interviewendenverhaltens vorgeschrieben. Zusätzlich kann noch festgelegt sein, ob und wie der Interviewer auf Nachfragen des Probanden reagiert und welche Rolle (weich – neutral – hart, vgl. vorheriger Abschnitt) er einnehmen soll. Dasselbe gilt für Interviewerinnen und Probandinnen. Abb. 1.1 fasst die Möglichkeiten der Standardisierung in einem Interview nochmals zusammen.

Die Begriffe Strukturierung und Standardisierung werden in der Literatur häufig synonym verwendet. Das Ausmaß der Standardisierung und Strukturierung eines Interviews ist graduell und lässt sich als Kontinuum zwischen zwei

Abb. 1.1 Möglichkeiten der Standardisierung im Interview

Extremen auffassen: An einem Ende des Kontinuums sind Interviews lokalisiert, die im Hinblick auf die genannten Aspekte völlig unstandardisiert sind. Das andere Extrem bilden Interviews, bei denen alle Aspekte festgelegt sind. Bei vielen publizierten Interviews wird auch dann von einem standardisierten oder strukturierten Interview gesprochen, wenn z. B. nur die Fragen und die Auswertung, nicht aber die Antworten der interviewten Person festgelegt sind. Das ist z. B. beim Strukturierten Klinischen Interview für DSM-5 der Fall (SCID-5-CV, Beesdo-Baum, Zaudig und Wittchen 2019a). Bei vollständiger Standardisierung aller oben genannten Aspekte lässt sich ein Interview durch eine schriftliche Befragung ersetzen, sofern nicht die Beobachtung der oder des Interviewten als zusätzliche Datenquelle berücksichtigt werden soll oder Bewertungen (z. B. von Symptomen wie im SCID-5-CV) durch die Interviewerin oder den Interviewer vorgenommen werden müssen.

Im Folgenden werden die Vor- und Nachteile der beiden Extremvarianten, also des völlig standardisierten und des nahezu unstandardisierten Interviews, diskutiert und als Kompromiss dieser beiden Formen das halbstrukturierte Interview vorgestellt.

1.2.1 Das hoch standardisierte Interview, Vor- und Nachteile

Bei einem *hoch standardisierten Interview* sind wie bereits erwähnt Inhalt und Reihenfolge der Fragen, das Verhalten der oder des Interviewenden, die Antwortklassen und die Art der Auswertung vorher festgelegt. Weder bei der oder dem Interviewenden noch bei der befragten Person sind individuelle Variationen vorgesehen bzw. erwünscht. Die Vorteile eines solchen Verfahrens liegen einmal darin begründet, dass verschiedene Interviews gut verglichen und auch vergleichsweise ökonomisch ausgewertet werden können. Durch die Festlegung der Fragen werden zudem die Anforderungen an die Interviewerin oder den Interviewer reduziert, was insbesondere bei Novizinnen und Novizen ein Vorteil sein kann. Die Interviewerin bzw. der Interviewer weiß genau, was sie oder er in welcher Reihenfolge fragen muss und wie bei etwaigen Nachfragen der Probanden reagiert werden soll. Zudem müssen sich Interviewende keine Gedanken oder gar Sorgen darüber machen, ob bereits alle Aspekte eines Themas detailliert genug exploriert wurden und welche Frage in welcher Formulierung sie als nächstes stellen sollen. Die klassischen Gütekriterien (Objektivität, Reliabilität, Validität) können bei einem standardisierten Interview leichter oder überhaupt ermittelt werden (vgl. Kap. 6) und potenzielle Interviewerfehler (vgl. Kap. 5) sind besser kontrollier- und reduzierbar.

Diesen Vorteilen stehen drei entscheidende Nachteile gegenüber. Durch die hohe Standardisierung werden der subjektive Lebensraum bzw. subjektive Repräsentationen der Probandin oder des Probanden möglicherweise nicht angemessen erfasst. Wenn nur die festgelegten Fragen gestellt werden dürfen und die befragte Person auch nur nach einem festgelegten Schema antworten kann, dann besteht auch keine Chance, von Themen, die für die Probandin oder den Probanden subjektiv sehr wichtig sind zu erfahren, diese abzufragen bzw. zu äußern. Ein weiterer Nachteil ist, dass wortwörtlich festgelegte Fragen von unterschiedlichen befragten

Personen möglicherweise unterschiedlich verstanden werden; Wortäquivalenz ist nicht zwingend gleich Bedeutungsäquivalenz. Zum Beispiel kann das Adjektiv „sensibel" im Sinne von „empfindlich, leicht aus der Ruhe zu bringen", aber auch im Sinne von „empfänglich, sensitiv" verstanden werden. Ein dritter Nachteil besteht schließlich darin, dass das geforderte strikte Festhalten an der Standardisierung im Gespräch unnatürlich wirken kann. Denn obwohl sich ein Interview in den oben genannten Punkten von einem Alltagsgespräch unterscheidet, sollte auch ein Interview einem quasi-natürlichen Fluss folgen, damit die Auskunftsbereitschaft der oder des Interviewten aufrechterhalten und gefördert wird. Beispiele für standardisierte Interviews finden sich in der klinischen Diagnostik psychischer Störungen, z. B. das Diagnostische Interview bei psychischen Störungen (DIPS, Schneider und Margraf 2011) oder das Strukturierte Klinische Interview für DSM-5 (Beesdo-Baum et al. 2019a).

Auch für die Big Five, die typischerweise mit einem Fragebogen erfasst werden, steht ein Interviewleitfaden zur Verfügung: Das strukturierte Interview für das Fünf-Faktoren-Modell (SIFFM, Trull und Widiger 1997, deutsche Version: Ostendorf et al. 2003) dient insbesondere zur Erfassung von adaptiven, aber auch klinisch relevanten Extremausprägungen der Facetten und Faktoren der Big Five, die auf Persönlichkeitsstörungen hinweisen können. Das SIFFM hat nach Ostendorf et al. (2003) im Vergleich zu Fragebogenverfahren zur Erfassung der Big Five u. a. zwei Vorteile: a) Persönlichkeitsbeurteilungen werden durch die interviewende Person vorgenommen und sind deshalb nur in geringerem Maße durch die aktuelle Stimmungslage der Probandin oder des Probanden beeinflusst, und b) das Verständnis der Fragen kann besser sichergestellt werden.

Die nachfolgende Tab. 1.2 fasst die Vor- und Nachteile hoch standardisierter Interviews noch einmal zusammen.

1.2.2 Das unstandardisierte Interview, Vor- und Nachteile

Bei einem völlig *unstandardisierten Interview* sind nur gewisse Themen festgelegt, die angesprochen werden sollen. Weitere Themen, die im Verlauf des Gesprächs auftauchen, können und sollen weiter exploriert werden. Die genannten Nachteile des *standardisierten* Interviews werden in einem *unstandardisierten* Interview zu Vorteilen: Die subjektiven Repräsentationen, „das Individuum und *seine* Welt" (Thomae 1968), können in einem unstandardisierten Interview deutlich besser erfasst werden, weil sich die befragte Person freier und umfangreicher äußern kann. Auch die interviewende Person kann interessie-

1.2 Ebenen und Grade der Strukturierung und Standardisierung ...

Tab. 1.2 Vor- und Nachteile hoch standardisierter Interviews

Vorteile	Nachteile
Gute Vergleichbarkeit verschiedener Interviews	Subjektive Repräsentationen der Probandin oder des Probanden werden ggf. nicht angemessen erfasst
Vergleichsweise ökonomische Auswertung	Fragen werden möglicherweise unterschiedlich verstanden
Anforderungen an die interviewende Person reduziert (insbes. für Novizen und Novizinnen ein Vorteil)	Striktes Festhalten an Standardisierung kann im Gespräch unnatürlich wirken
Reihenfolge der Fragen, Abdeckung der Themen und Reaktion auf Nachfragen sind festgelegt (Interviewer_in muss keine Sorge haben, etwas zu vergessen)	
Klassische Gütekriterien können leichter/überhaupt ermittelt werden	

rende Themen beliebig weit verfolgen und Fragen so formulieren, dass sie dem Sprachstil der Probandin oder des Probanden entsprechen. Die Bedeutungsäquivalenz von Fragen bei mehreren unterschiedlichen Interviewpartnerinnen und -partnern ist wichtiger als die Wortäquivalenz, d. h. es muss sichergestellt werden, dass die Interviewpartner_innen dasselbe verstehen und nicht, dass die Fragen in jedem Fall hundertprozentig gleich gestellt werden. Ein weiterer Vorteil eines unstandardisierten Interviews besteht darin, dass in einem stärkeren Ausmaß *adaptives* Diagnostizieren möglich ist: Anschlussfragen können in Abhängigkeit von den Antworten der Probandin oder des Probanden gestellt werden. Dieses adaptive Prinzip ist in einigen standardisierten Interviews, insbesondere im klinischen Bereich, ebenfalls realisiert, wenn in Abhängigkeit von den Antworten auf sogenannte Filterfragen ein bestimmter „Fragenzweig" weiterverfolgt wird und ein anderer eben nicht. Bei einem unstandardisierten Interview ist das antwortabhängige Weiterfragen aber viel ausgeprägter und spezifischer möglich.

Zu den *Nachteilen des unstandardisierten Interviews* zählen die schwierigere Vergleichbarkeit mehrerer Befragungen und damit zusammenhängend auch die Frage, wie verschiedene Gespräche, die sehr unterschiedlich verlaufen sind, gruppenbezogen ausgewertet werden können. Auch wenn ein unstandardisiertes Interview allen Beteiligten mehr Freiheiten bietet, ist damit noch nicht automatisch garantiert, dass alle relevanten Informationen erfasst werden. So kann eine befragte Person zentrale Informationen bewusst nicht ansprechen oder vergessen. Es hängt dann vom Geschick der interviewenden Person ab, möglicherweise wichtige Details zu explorieren, wobei auch klar sein muss, was

Tab. 1.3 Vor- und Nachteile unstandardisierter Interviews

Vorteile	Nachteile
Interviewte Person kann sich frei und umfänglich äußern	Schwierige Vergleichbarkeit verschiedener Befragungen
Interviewende_r kann Themen beliebig weit verfolgen	Nicht garantiert, dass alle relevanten Informationen erfasst werden
Interviewende_r kann sich auf Sprache der/des Interviewten einstellen	Erfordert spezielle Fertigkeiten und damit viel Training und Erfahrung des Interviewers
Möglichkeit adaptiv zu diagnostizieren, also antwortabhängig weiter zu fragen	Kann unerfahrene Diagnostiker_innen überfordern

eigentlich wichtig ist. Eine unstandardisierte Befragung erfordert von den interviewenden Personen also u. U. spezielle Fertigkeiten, die er oder sie nur durch viel Training und Erfahrung erwerben kann. Unstandardisierte Interviews können Novizen und Novizinnen deshalb überfordern. Hilfreich ist ein Psychologiestudium, in dem Gesprächsführung geübt und die Interviewmethode in Theorie und Anwendung vermittelt wurde. Ein Beispiel für eine unstandardisierte Befragung ist das *narrative Interview* nach Fritz Schütze (1983), das im Abschn. 3.2.2 vorgestellt wird. Tab. 1.3 fasst die Vor- und Nachteile standardisierter Interviews zusammen.

1.2.3 Der Mittelweg: Das teilstandardisierte bzw. halbstrukturierte Interview

Das *teilstandardisierte bzw. halbstrukturierte Interview* versucht die Vorteile der standardisierten und unstandardisierten Befragung zu vereinen und die entsprechenden Nachteile zu vermeiden. Ein halbstrukturiertes Interview basiert auf einem Gesprächsleitfaden, in dem Themen und mehr oder weniger ausformulierte Fragen festgelegt sind, die auf jeden Fall angesprochen bzw. gestellt werden sollen. Es wird also eine gewisse Struktur vorgegeben, die gewährleistet, dass Vergleiche zwischen mehreren Interviews und auch eine vergleichende Auswertung durchführbar sind. Individuelle Variationen sind aber trotz des Leitfadens möglich; so können Zusatzfragen oder neu formulierte Fragen gestellt werden, falls es die Antworten des Gegenübers erfordern oder nahelegen. Im Anhang finden Sie zwei Beispiele für solche halbstrukturierte Interview-Leitfäden. Anhang 2

1.2 Ebenen und Grade der Strukturierung und Standardisierung ...

enthält einen Interviewleitfaden zum Thema „Studium mit Kind". Der Interviewleitfaden ist so aufgebaut, dass es Hauptfragen sowie optionale Nachfragen gibt. Anhang 3 enthält einen Ausschnitt aus einem Führungskräfte-Interviewleitfaden zum Thema Kreativität und Innovation. Auch in diesem Leitfaden finden sich Pflichtfragen, die jedem/r Interviewten gestellt werden sollen sowie Nachfragen und Alternativformulierungen. In beiden Beispielen gibt der Interviewleitfaden eine verpflichtende sowie eine vertiefende Fragestruktur vor. Je nachdem, wie viel eine interviewte Person zu einer übergeordneten Frage von sich aus antwortet, liegt es im Ermessen der Interviewerin bzw. des Interviewers die Unterfragen zu stellen oder sie zu überspringen, falls sie bereits beantwortet wurden.

Nun mag vielleicht bei einigen Leserinnen und Lesern der Eindruck entstanden sein, das halbstrukturierte bzw. teilstandardisierte Interview wäre die beste Form und deshalb die Methode der Wahl zur Durchführung mündlicher Befragungen. Dem ist aber nicht so. Welcher Grad der Standardisierung und Strukturierung am günstigsten ist, hängt stark von den Zielsetzungen des Interviews ab. Wenn es darum geht, klinische Störungsbilder möglichst eindeutig zu diagnostizieren oder eine Reihe von Bewerberinnen und Bewerber möglichst gut und fair vergleichen und beurteilen zu können, dann empfiehlt sich eine höhere Strukturierung, die dann auch mit einer besseren Realisierung der klassischen Gütekriterien und insbesondere einer höheren prognostischen Validität verbunden sind. Wenn dagegen zu einer (Forschungs-)Fragestellung noch kaum theoretische und empirische Befunde vorliegen, empfiehlt sich ein weniger standardisiertes Vorgehen, um möglichst viele Aspekte eines Phänomens breit erkunden zu können und anschließend möglicherweise einzelne Aspekte gezielter zu untersuchen. Man spricht in diesem Fall auch von einem explorativen Vorgehen.

Zur Komplexität des Interviews

Die Beliebtheit der Interview-Methode hängt möglicherweise mit der scheinbaren Ähnlichkeit zu Alltagskonversationen und ihrer vordergründigen Einfachheit zusammen: Fragen stellen kann schließlich jeder. Nun ist bereits im ersten Kapitel angeklungen, dass die sachgerechte Planung, Durchführung und Auswertung eines Interviews nicht so einfach ist, wie es zunächst erscheint. In diesem Kapitel wird die vermeintliche Einfachheit des Interviews noch weiter „dekonstruiert" und es wird gezeigt, dass es sich bei Interviews um außerordentlich komplexe Prozesse handelt. In „klassischen" Face-to-Face-Interviews, auf die sich die folgenden Ausführungen beziehen, begegnen sich mindestens zwei Menschen und interagieren miteinander. Um beschreiben und erklären zu können, was dabei alles passiert, ist nahezu die gesamte wissenschaftliche Psychologie gefordert. Interviews lassen sich entsprechend aus der Perspektive verschiedener psychologischer Paradigmen bzw. Teildisziplinen beschreiben und empirisch untersuchen. Es liegen zwar nicht zu allen im Folgenden dargestellten Überlegungen empirische Befunde aus der Interviewforschung vor, trotzdem sollte deutlich werden, dass viele unterschiedliche psychologische Bedingungen (z. B. erster Eindruck, Motive der interviewten Person, Emotionen, wie Angst und Ärger) in einem Interview potenziell wirksam sind bzw. sein können, auch wenn sie im Einzelnen noch genauer untersucht werden müssen. Interessierte Leserinnen und Leser seien zudem auf das Kapitel zur sozialen Urteilsbildung im Einstellungsinterview bei Schuler (2018) verwiesen, der unterschiedliche Komponenten und deren komplexe Wechselwirkungen in diesem Prozess detailliert darstellt.

2.1 Analyse des Interviews aus verschiedenen psychologischen Perspektiven

Aus *kognitionspsychologischer Perspektive* sind Interviews Informationsverarbeitungsprozesse, die von Erwartungen, Emotionen und Motiven begleitet werden. Sowohl die interviewende als auch die interviewte Person müssen die verbalen Äußerungen, aber auch verschiedene non- und paraverbale Signale wahrnehmen, verstehen und in der Folge ihre weiteren Handlungen darauf abstimmen. So muss die/der Interviewte relevante Gedächtnisinhalte abrufen und zu einer Antwort formulieren bzw. bei vorgegebenen Antwortalternativen ihre/seine Erinnerungen entsprechend verdichten. Vor und während einer mündlichen Befragung können bei der/dem Interviewenden und bei der/dem Interviewten Befürchtungen (Mache ich alles richtig? Stelle ich die richtigen Fragen?), Argwohn und Ärger (Warum antwortet der immer so kurz? Was will der eigentlich von mir? Warum stellt er so intime Fragen und fragt dauernd nach?), Gefühle der Sympathie (Was für eine nette und schöne junge Frau!) und Antipathie (Der ist ja total arrogant und überheblich!), Hoffnung (Werde ich das erfahren, was ich erfahren will?), aber auch Stolz, Kompetenzgefühle und Freude (Das Interview läuft gut!) auftreten.

Solche Emotionen lassen sich teilweise auch mit Hilfe der tiefenpsychologischen Konzepte der Übertragung und Gegenübertragung bzw. der sozial-kognitiven Adaptationen dieser Konstrukte erklären, die insbesondere auf Susan Andersen und Serena Chen zurückgehen (vgl. zur Übersicht Andersen und Berk 1998; Chen et al. 2013). Die generelle Idee, nach der vergangene Beziehungen mit wichtigen Personen Einfluss auf aktuelle Beziehungen haben können, ist dabei zunächst von der psychoanalytischen Therapiebeziehung auf alltägliche Beziehungen übertragen und empirisch belegt worden. Der sozial-kognitive Hintergrund dieser Annahme besteht darin, dass mentale Repräsentationen von positiv oder negativ konnotierten signifikanten Anderen im Gedächtnis gespeichert sind und aktiviert werden, wenn wir einer Person begegnen, die der mentalen Repräsentation einer signifikanten anderen Person ähnelt. Dieser realen anderen Person werden dann Merkmale zugeschrieben, die eigentlich der signifikanten Anderen zukommen. Beispielsweise mögen Menschen eine andere Person mehr, wenn er oder sie eine positiv konnotierte Repräsentation eines signifikanten anderen Menschen triggert. Obwohl solche sozial-kognitiv begründeten Übertragungsprozesse unseres Wissens bisher nicht im Kontext eines Interviews untersucht wurden, besteht eine hohe Wahrscheinlichkeit, dass sie auch auftreten, wenn sich eine Interviewerin und ein Proband zum ersten Mal begegnen und interagieren. Wenn dann die Interviewerin durch den Probanden an einen

Menschen erinnert wird, mit dem sie in der Vergangenheit negative Erfahrungen gemacht hat und der angstbesetzt ist, dann wird sie u. U. negative Gefühle gegenüber dem Probanden erleben, ohne genau erklären zu können, warum. Derselbe Prozess gilt für Interviewer und Probandinnen.

Auf *motivationaler Ebene* spielen u. a. Bedürfnisse nach Kontrolle und Komplexitätsreduktion eine Rolle: Wenn eine Person zu einem Interview und damit in eine neue, unbekannte Situation kommt, in der sie einem oder einer Fremden u. U. intime Details aus seinem/ihrem Leben erzählen soll, dann wird es zuallererst darum gehen einzuschätzen, ob die Situation und der/die Interviewende bedrohlich oder angenehm, vertrauenswürdig oder unaufrichtig, einigermaßen vorhersagbar oder unvorhersagbar bzw. transparent oder intransparent ist. Im Interview selbst spielen Selbstdarstellungsmotive (z. B. bei einer attraktiven Interviewerin oder einem attraktiven Interviewpartner einen möglichst guten Eindruck machen sowie kompetent und sympathisch wirken wollen) und damit zusammenhängend auch Motive nach Selbstwertregulation (z. B. sich nicht blamieren wollen; durch die Vermittlung eines bestimmten Bildes der eigenen Person den Selbstwert aufrechterhalten oder maximieren wollen) eine wichtige Rolle. Auch Interesse am Thema, altruistische Motive (dem/der Interviewer_in z. B. bei ihrer oder seiner Bachelorarbeit helfen wollen) oder auch Machtmotivation (z. B. dem Interviewer oder der Interviewerin deutlich machen, dass man mehr zu einem Thema weiß als er bzw. sie) können das Verhalten der interviewten Person mit bedingen.

Lernpsychologisch gesehen lässt sich ein Interview als ein Prozess der wechselseitigen Verstärkung beschreiben, der aber v. a. von der interviewenden Person gesteuert werden sollte. Durch verbale und nonverbale Verstärker (Blickkontakt, Nicken, zustimmendes „Mmmh", zugewandte Körperhaltung) kann der Redefluss des Gegenübers stimuliert und aufrechterhalten werden. Hingegen kann eine kurz angebundene Antwort der interviewten Person, die von abwehrenden nonverbalen Signalen begleitet wird (Wegschauen, Arme verschränken und sich zurücklehnen), die oder den Interviewenden davon abbringen, noch weitere Fragen ähnlicher Art zu stellen, die sich vielleicht um ein für die interviewte Person heikles Thema drehen. In einer Studie von Dougherty et al. (1994) konnte gezeigt werden, dass sich nonverbale Signale (Lachen, Zustimmung, Stimmqualität), die eine interviewende Person in einem Bewerbungsgespräch initiierte, zu korrespondierenden nonverbalen Signalen aufseiten der Bewerberin bzw. des Bewerbers führten. Die Studie zeigt auch, dass ein positiver erster Eindruck, den die interviewende Person aufgrund von Bewerbungsunterlagen gewonnen hatte, in Verhaltensweisen resultierte, die im Sinne einer selbsterfüllenden Prophezeiung den positiven Ersteindruck bestätigten. Neben den genannten nonverbalen Signalen wurde Bewerbenden dann z. B. mehr positive Wertschätzung entgegengebracht, weniger Fragen gestellt und das eigene Unternehmen positiver „verkauft".

2.2 Die Sozialpsychologie des Interviews

Die bisher angestellten kognitions- und lernpsychologischen Überlegungen können in eine „*Sozialpsychologie des Interviews*" integriert werden (vgl. teilweise ähnliche Ausführungen zur Sozialpsychologie des Experiments bei Mertens 1975). Interviews lassen sich vor dem Hintergrund verschiedener sozialpsychologischer Konzepte und Theorien analysieren, in denen es insbesondere um soziale Wahrnehmungs- und Beurteilungsprozesse geht:

- In den meisten Interviews begegnen sich zwei oder mehrere Personen zum ersten Mal; dabei treten *Ersteindrucks-, Stereotypisierungs- und Kategorisierungsprozesse* auf, wie sie insbesondere in der Sozialpsychologie untersucht werden. Diese Prozesse sind u. a. mitbedingt durch äußere Merkmale, das Auftreten, Sprachverhalten, Geschlecht, die Schichtzugehörigkeit und die ethnische Zugehörigkeit der beteiligten Personen. Dass solche soziodemografischen Merkmale Einfluss auf das Antwortverhalten im Interview haben können, zeigt z. B. eine Studie von Haunberger (2006): In einem standardisierten Interview erhielten ältere Interviewende auf die Frage, an wie vielen Tagen in der Woche die/der Befragte politische Berichte in Zeitungen lese, eher die Antwort „häufiger" als jüngere Interviewende. Auf die als heikel gewertete Frage nach dem Einkommen verweigerten Befragte die Antwort eher, wenn sie entweder von einer Interviewer*in* oder von Interviewenden mit höherem Bildungsstand gestellt wurde.
- Die am Interview beteiligten Personen werden automatisch auch Erklärungen generieren, warum sich das Gegenüber so verhält, wie es sich verhält. Dabei kann es mit hoher Wahrscheinlichkeit zu den typischen *Attributionsverzerrungen* kommen. Ein Beispiel ist der fundamentale Attributionsfehler, der darin besteht, dass zur Erklärung des Verhaltens einer Person dispositionale Aspekte überbewertet und den situativen Bedingungen eine untergeordnete Rolle zugeschrieben wird. Kommt etwa ein Gesprächspartner oder eine Gesprächspartnerin zu spät zum Interview, könnte er oder sie als unpünktliche, wenig gewissenhafte Person eingestuft werden, ohne dabei zu berücksichtigen, dass beispielsweise der Raum schlecht ausgeschildert und somit schwer auffindbar war.

2.2 Die Sozialpsychologie des Interviews

- Ein Interview kann als *asymmetrischer Kommunikationsprozess* beschrieben werden. Die Interviewerin bzw. der Interviewer stellt Fragen, die interviewte Person soll antworten; so zumindest die implizite Rollenverteilung und die damit verbundenen Erwartungen. In dieser asymmetrischen Kommunikation spielen soziale Beeinflussungsprozesse und Macht eine Rolle. Durch die Fragen und die Art und Weise, wie sie gestellt werden sowie durch die Etablierung einer bestimmten Gesprächsatmosphäre (vgl. weiche vs. harte Interviews, Abschn. 1.1.5) möchte eine Interviewerin oder ein Interviewer die befragte Person dazu bringen, möglichst valide und reliable Antworten zu geben. Es ist aber ungewiss, ob und inwieweit ein Interviewpartner oder eine Interviewpartnerin bereitwillig und offen antworten will. Dabei kann es zu subtilen „Machtspielen" kommen, in denen die befragte Person durch ihr nonverbales Verhalten (z. B. „überlegenes" Lächeln, reservierte Haltung mit verschränkten Armen), ihre Antworten (z. B. sehr kurz angebundene Antworten, die u. U. gar nicht zum Thema passen) und eventuell durch Gegenfragen demonstriert bzw. demonstrieren will, wer hier eigentlich der Herr der Situation ist und das Sagen hat („Warum wollen Sie das wissen?"; „Wie lange führen Sie eigentlich schon Interviews?").

Aus sozialpsychologischer Sicht geht es in einem Interview also um gegenseitiges Wahrnehmen und Beurteilen vor dem Hintergrund der genannten Prozesse. Die beteiligten Personen werden aufeinander bezogene Erwartungen generieren und mögliche Konsequenzen antizipieren. Die interviewte Person wird zudem Hypothesen über Ziel und Gegenstand des Interviews aufstellen, die mehr oder weniger deutlich von den tatsächlichen Zielen der Befragung abweichen können und ihr Verhalten ggf. entsprechend dieser Hypothesen regulieren.

Fazit: Es ist davon auszugehen, dass die referierten Informationsverarbeitungs-, emotionalen, motivationalen und sozialpsychologischen Prozesse von Persönlichkeitsmerkmalen mitbedingt bzw. moderiert werden. So wird eine ängstliche Person mit niedriger Selbstwertschätzung andere Reaktionen gegenüber der Interviewsituation zeigen als eine selbstsichere Person mit hoher Selbstwertschätzung. Dasselbe gilt natürlich auch für die interviewende Person. So hat Dipboye (1992, zitiert nach Schuler 2018) darauf hingewiesen, dass sich die Ängstlichkeit eines oder einer Interviewenden auf die Befragte bzw. den Befragten übertragen kann. Das Verhalten der interviewenden Person wird zudem von ihren kognitiven, sozialen und emotionalen Kompetenzen abhängen. Die Antworten einer bzw. eines Befragten können durch ihre bzw. seine kognitive Komplexität moderiert werden. Kognitiv komplexe Personen neigen dazu Personen, Objekte und Sachverhalte detaillierter und mit Hilfe mehrerer Dimensionen zu strukturieren und zu beurteilen (von Eye 1999). Deshalb werden kognitiv komplexe Interviewpartner_innen auch eher dazu neigen, differenziertere Antworten zu geben. Darüber hinaus wird sich ein Interviewpartner auch Gedanken darüber machen, was in der Interviewsituation vorgeht, was man eigentlich von ihm will, wie er sich am besten verhalten soll und warum bestimmte Fragen gestellt werden. Dieselben Fragen wird sich auch eine Interviewpartnerin stellen. Die damit verbundenen kognitiven, emotionalen und motivationalen Prozesse werden nur teilweise bewusst ablaufen, einmal weil bestimmte Motive und habituelle Tendenzen gar nicht explizit repräsentiert sind (vgl. McClelland et al. 1989), zum anderen erlaubt das Frage- und Antwortschema einer Interviewsituation keine allzu langen Denkphasen. Prinzipiell ist es zwar möglich, dass eine befragte Person sagt, sie müsse über eine Frage erst etwas nachdenken. Ob eine Person zu dieser Möglichkeit greift, hängt aber davon ab, ob und wie lange sie in der Interviewsituation eine derart selbst gewählte Denkpause aushält und wie lange die oder der Interviewende selbst eine Redepause durchhalten kann, ohne weitere Zwischenfragen zu stellen. In einer solchen Situation können auch Konventionen, die in einem normalen Gespräch greifen, Einfluss haben; so ist es für gewöhnlich in einer Konversation nicht üblich, nach einer Frage des Gegenübers längere Zeit nichts zu sagen.

2.3 Die Gestaltung der Interviewsituation

Aus der genannten Komplexität und den daraus resultierenden potenziellen Problemen lassen sich eine Reihe von Konsequenzen für die Gestaltung von weichen und neutralen Interviews ableiten (in harten Interviews gelten andere Regeln). An dieser Stelle werden einige erste Hinweise skizziert; ausführlichere Regeln für die Gestaltung der Interviewsituation finden sich im Kap. 5.

1. *Transparenz*: Geben Sie zu Beginn eine eindeutige Definition der Interviewsituation, des Interviewzieles, der Rollenverteilung und der ungefähren Dauer. Die Situation und die Anforderungen müssen für die Befragte bzw. den Befragten transparent und bewältigbar erscheinen. Wenn Sie Ihrer Interviewpartnerin bzw. Ihrem Interviewpartner nicht sagen, worum es geht, was auf sie oder ihn zukommt, was Sie von ihr oder ihm erwarten und wie lange es dauern wird, dann wird sich die befragte Person eine eigene Definition der Situation und Ihrer Absichten konstruieren und entsprechend handeln, z. B. überangepasst oder unkooperativ und destruktiv. Durch ausführliche einleitende Informationen zum Gegenstand, den Zielen, den Rollenerwartungen

2.3 Die Gestaltung der Interviewsituation

und der ungefähren Dauer des Interviews sorgen Sie zudem für vergleichbare Startbedingungen bei verschiedenen zu interviewenden Personen. Wenn Sie zu Beginn eines Interviews zu wenige oder nur vage Informationen liefern, dann werden sich verschiedene befragte Personen mit hoher Wahrscheinlichkeit unterschiedliche Repräsentationen der Interviewsituation bilden, die dann auch unterschiedliches Verhalten im Interview zur Folge haben dürften.

2. *Beziehung gestalten*: Stellen Sie eine gute, vertrauensvolle Arbeitsbeziehung her und zwar nicht nur aus moralischen, sondern auch aus methodischen Gründen. Wenn Ihnen eine Interviewte bzw. ein Interviewter misstraut oder Ihnen Absichten unterstellt, die Sie gar nicht verfolgen, dann wird sie bzw. er Ihnen vermutlich auch valide Informationen vorenthalten, die wichtig sind. Hermanns (2009) hat insbesondere das weniger standardisierte Interview mit einem interpersonellen Stegreif-Drama verglichen, in dem sich eine Handlung im Laufe des Gesprächs erst entwickelt und in dem die Interviewte verschiedene Rollen einnehmen kann und auch soll. Unter Rollen wird in diesem Zusammenhang verstanden, dass die Interviewte unterschiedliche Aspekte ihrer Person im Interview „auftreten" lassen kann. So besteht bspw. die erste Sitzung in einem Coaching häufig darin, ein halbstrukturiertes Interview insbesondere zum beruflichen Hintergrund der Teilnehmerin zu führen. Darin nimmt die Interviewte erfahrungsgemäß zunächst eine professionell-distanzierte Business-Rolle ein und öffnet sich im Laufe des Gesprächs immer mehr zu einer „normalen" Arbeitnehmerin, die sich mit ganz persönlichen Herausforderungen konfrontiert sieht. Eben dabei sollte die Interviewerin die Interviewte durch eine entsprechende Beziehungsgestaltung unterstützen. Dasselbe gilt auch für Interviewpartner und Interviewer. Um eine vertrauensvolle Arbeitsbeziehung aufbauen zu können, sollten Sie nicht versuchen, als Neutrum oder Niemand aufzutreten. Zu einem Niemand kann man keine Beziehung aufbauen und einem Niemand kann man x-Beliebiges erzählen. Versuchen Sie nicht, Ihre Beziehung zum Gegenüber als Störquelle vollständig zu eliminieren, sondern die Beziehungsebene konstruktiv und professionell zu nutzen.

3. *Freundlich sein, aber neutral bleiben:* Eine vertrauensvolle Arbeitsbeziehung kann sicherlich gefördert werden, wenn Sie sich gegenüber der Interviewpartnerin bzw. dem Interviewpartner freundlich verhalten, dabei aber neutral bleiben. Neutralität bedeutet in diesem Zusammenhang nicht, dass Sie die Aussagen der bzw. des Interviewten wie ein „Automat" registrieren. Ein Interview sollte sich im Idealfall wie ein gutes, aber zielgerichtetes Gespräch „anfühlen"; deshalb ist es notwendig, dass Sie verbal und nonverbal Interesse an den Aussagen ihres Gegenübers zeigen und dadurch den Redefluss stimulieren. Neutral bleiben bedeutet aber, dass Sie keine Wertungen gegenüber den

Aussagen Ihrer Interviewpartnerin oder Ihres Interviewpartners vornehmen, sich nicht positionieren und sich z. B. auch nicht mit ihr oder ihm gegen eine andere Person oder Organisation solidarisieren.

4. *Möglichkeit zur Meta-Kommunikation einplanen:* Wenn Sie das Gefühl haben, dass Ihre Interviewpartnerin oder Ihr Interviewpartner Ihnen misstraut, auffallend kurze Antworten gibt, sich verweigert oder ablehnend verhält, dann besteht die Möglichkeit, dass Sie die Beziehungsebene thematisieren und über die gerade stattfindende Kommunikation reflektieren. So könnten Sie bei sehr kurzen und zurückhaltenden Antworten z. B. sagen: „Ich habe den Eindruck, dass Ihnen meine Fragen unangenehm sind. Liege ich mit dieser Vermutung richtig? Möchten Sie mir sagen warum? Wir können auch zu einem anderen Thema wechseln!" Eine derartige Meta-Kommunikation ist nicht einfach, erfordert Fingerspitzengefühl und sollte, soweit möglich, vorher in einem Rollenspiel geübt werden.

Aus methodischer Sicht sind Einflüsse, die mit der Person der bzw. des Interviewenden, der bzw. des Interviewten und deren Interaktion zu jeweils unterschiedlichen Antworten führen, *Störeffekte,* die soweit möglich durch Training oder andere geeignete Maßnahmen ausgeschlossen oder zumindest relativiert werden sollen und können. Näheres dazu erfahren Sie im Kap. 5.

Wenn man sich die Komplexität einer Interviewsituation und die damit verbundenen potentiellen Schwierigkeiten vor Augen führt, dann wird man vielleicht schlussfolgern, dass es besser ist, andere Methoden der Datenerhebung zu wählen. Wie bereits erwähnt, ist es in der Tat einfacher, einen etablierten Fragebogen vorzugeben und auszuwerten. Ein Interview bietet aber gerade im Vergleich zur Fragebogen-Methode entscheidende Vorteile, auf die im Rahmen einer multi-methodalen Diagnosestrategie nicht verzichtet werden kann.

2.4 Vorteile des Interviews gegenüber Fragebögen

Das Vorlegen eines Fragebogens ist gegenüber der Durchführung eines Interviews zwar einfacher und weniger fehleranfällig; gerade wenn es um die Erfassung von Veränderungen geht, sind mit einem Fragebogen aber bestimmte Annahmen verbunden, die nicht immer zutreffen: So geht man bei mehrfachen Messungen mit Fragebogen – etwa in einer Interventionsstudie mit Prätest, Posttest und Follow-Up – implizit davon aus, dass sowohl die Bedeutung eines Kontrukts (einer abhängigen Variable) und natürlich auch die Intervalle der Antwortskala bei allen Teilnehmenden der Studie konstant bleiben. Das Phänomen des *response*

2.4 Vorteile des Interviews gegenüber Fragebögen

shifts zeigt allerdings, dass diese Annahme nicht unbedingt gültig ist (Sprangers und Schwartz 2000). Response shift kennzeichnet die Verschiebung subjektiver Standards und individueller Bewertungsschemata zu einem Konstrukt wie z. B. Lebensqualität, dessen Bedeutung sich gerade angesichts kritischer Lebensereignisse (z. B. einer Krebsdiagnose o. ä.) ändern kann. Response shift kann nach Sprangers und Schwartz (2000) in drei Formen auftreten: Bei der „Rekalibrierung" kommt es zu einer Veränderung der internen, subjektiven Skalierung einer Antwortskala, d. h. die Antwortalternativen einer beispielsweise fünfstufigen Skala werden bei mehrfachen Messungen im Zuge einer Intervention jeweils anders interpretiert. Dazu kann es beispielsweise kommen, wenn sich eine Krebspatientin oder ein Krebspatient im Laufe der Behandlung mit anderen Patientinnen und Patienten vergleicht, denen es noch schlechter geht als ihr oder ihm. Der niedrigste Skalenwert, z. B. „trifft gar nicht zu" eines Items wie „Ich bin zufrieden" kann dann u. U. subjektiv nach unten erweitert werden, so dass der/die Patient_in dann zum nächsten Messzeitpunkt einen mittleren Skalenwert ankreuzt (z. B. „trifft teilweise zu"). „Repriorisierung" meint die Veränderung der relativen Bedeutsamkeit der Werte und Ziele eines Menschen im Zusammenhang mit der abhängigen Variable. Unter „Rekonzeptualisierung" versteht man eine grundlegende qualitative Veränderung des Werte- und Zielsystems einer Person. So kann ein Mensch, der schwer erkrankt und bisher immer großen Wert auf seine berufliche Leistungsfähigkeit gelegt hat, seine Ziele grundlegend ändern und Beziehungen zu anderen Menschen und zur Familie deutlich höher wertschätzen als bisher.

Gerade psychotherapeutische, aber auch andere Interventionen etwa im Bereich der Personalpsychologie zielen u. U. nicht nur darauf ab, *quantitative* Veränderungen *innerhalb* eines bestimmten Bedeutungssystems herbeizuführen, sondern auch *qualitative* Übergänge *zwischen* Bedeutungssystemen zu schaffen. Beispielsweise lernen Personen in Trainings und Therapien neue Sichtweisen bzw. – im Sinne von George Kelly – neue Konstrukte kennen, mit denen sie sich selbst und die Welt anders interpretieren können (Rekonzeptualisierung im Sinne von Sprangers und Schwartz 2000). Diese neuen Konstrukte bzw. Ziele und Werte sind in einer Fragebogen-Batterie, die vor einer Intervention vorgelegt wurde, u. U. gar nicht repräsentiert. In diesem Sinne qualitative Veränderungen oder Rekonzeptualisierungen des Konstrukt- bzw. Wertesystems eines Menschen können nur mit Hilfe von Interviews erfasst werden (vgl. hierzu auch Renner 2002, S. 46 f.).

Schwarzer (1983, S. 308) hat darauf hingewiesen, dass mündliche im Vergleich zu schriftlichen Befragungen flexibler sind sowie spontane Reaktionen und die Berücksichtigung nonverbaler Signale erlauben. Zudem kann bei mündlichen

Befragungen die Identität der Interviewpartnerin/des Interviewpartners eindeutig bestimmt werden, was z. B. bei postalischen schriftlichen Befragungen oder Onlineerhebungen nicht der Fall ist. Weiterhin bietet eine mündliche Befragung eine höhere Kontrolle im Hinblick auf die Erhebungssituation, das inhaltliche Verständnis der befragten Person, die Reihenfolge der Fragen, die Dauer, Vollständigkeit und den Rücklauf.

Anwendungsgebiete und Typen von Interviews in der Psychologie

Interviews werden nicht nur in der Psychologie als Datenerhebungsmethode verwendet, sondern auch in anderen Wissenschaften und insbesondere im Journalismus. Da Interviews in der Psychologie im Vergleich zu anderen Methoden der Datenerhebung (insbesondere Fragebogen) in der Vorbereitung, Durchführung und Auswertung mit höherem zeitlichem Aufwand verbunden sind, stellt sich die Frage, unter welchen Bedingungen es sich lohnt und hilfreich ist, die Interviewmethode anzuwenden. Eine erste einfache (und somit verkürzte) Antwort lautet: Immer dann, wenn es keine geeigneten Fragebogen-Verfahren gibt. Dass kein geeigneter Fragebogen vorliegt, wird relativ häufig der Fall sein, da psychologische Fragestellungen in der Praxis sehr spezifisch sein können und deshalb entsprechend spezifizierbare Methoden erfordern. Ebenso verhält es sich mit Konstrukten, die noch wenig erforscht sind und deshalb eine qualitative Forschungsstrategie *erfordern,* bevor eine Fragebogenkonstruktion überhaupt sinnvoll ist. Zudem haben Probandinnen und Probanden in einem Fragebogen weniger Antwortspielraum und Ausdrucksmöglichkeiten, um ihre individuelle Erfahrungswelt darzustellen als im Interview, in dem situative Bedingungen und komplexe Zusammenhänge, die für das individuelle Erleben und Verhalten wichtig sind, ausführlich beschrieben werden können. Im Folgenden werden Einsatzbereiche und Typen von Interviews in drei zentralen Anwendungsfeldern der Psychologie im Überblick skizziert (Abschn. 3.1). Im Anschluss gehen wir auf die Verwendung der Interview-Methode in der biographisch-narrativen Persönlichkeitsforschung und im qualitativen Paradigma ein (Abschn. 3.2).

3.1 Interviews in unterschiedlichen psychologischen Anwendungsfeldern

Im Folgenden werden drei wichtige Anwendungsfelder des Interviews in der *psychologischen Praxis* skizziert: die Klinische Psychologie und Psychotherapie, die Personalpsychologie und die Forensische Psychologie. Der Einsatz der Interviewmethode erfolgt hier insbesondere individualdiagnostisch. Fisseni (2004, S. 159 f.) betont, dass die Interview-Methode in der *Individualdiagnostik* u. a. bei folgenden Zielsetzungen indiziert ist:

1. bei der Erarbeitung einer diagnostischen Fragestellung („Warum sind Sie zu uns gekommen?"),
2. zur Abklärung des Kontextes der diagnostischen Fragestellung (z. B. bei Schulschwierigkeiten das Klassenklima, Beziehungen zu Mitschülerinnen und Mitschülern und Lehrkräften etc.),
3. bei der Erhebung persönlicher und intimer Informationen (z. B. Beziehung zum Partner bzw. zur Partnerin).

3.1.1 Klinische Psychologie und Psychotherapie

Das Interview hat in der Klinischen Psychologie und Psychotherapie einen zentralen Stellenwert (Keßler 2001, 2005) und kann mit ganz unterschiedlichen diagnostischen Zielsetzungen durchgeführt werden (Keßler 2005, S. 218 f.):

- *zur Deskription einer Symptomatik*, z. B. Erfassung von Störungskomponenten, psychosoziale Einbettung.
- *zur Erklärung von Störungsbildern*, z. B. Erfassung individueller auslösender und aufrechterhaltender Bedingungen für ein dysfunktionales Verhalten, die dann als mögliche Erklärungen herangezogen werden.
- *zur klassifikatorischen Einordnung eines Störungsbildes:* Für diese Zielsetzung stehen standardisierte Interviewleitfäden zur Verfügung, die eine systematische differentialdiagnostische Eingrenzung eines Störungsbildes gestatten (z. B. SCID-5-CV, Beesdo-Baum et al. 2019a). Zudem findet man Anamnese-Schemata und weitere klinische Interviews bei Schmidt und Keßler (1976), Strauß und Schumacher (2005) sowie Westhoff (1993).
- *zur prädiktiven Diagnostik*, z. B. um zukünftige Verläufe und Maßnahmen zu planen und vorherzusagen.

3.1 Interviews in unterschiedlichen psychologischen Anwendungsfeldern

- *zur Evaluation von Veränderungen:* Obwohl zur Evaluation zumeist standardisierte schriftliche Verfahren oder auch Verhaltensbeobachtungen verwendet werden, können Interviews auch in diesem Bereich wertvolle Informationen liefern (siehe hierzu auch die Argumentation im Abschn. 2.4).
- *zur klinischen Dokumentation:* Nach Keßler (2005) basieren Fallgeschichten im Wesentlichen auf Interviewdaten.

Keßler (2005) schreibt dem Interview neben den diagnostischen Zielsetzungen zudem eine behandlungssteuernde Funktion zu,

> … da es dem Auslösen typischer Affekte, Emotionen und Einstellungen beim Patienten, der Entwicklung, Förderung und dem Aufstellen und Ändern von Behandlungszielen und -plänen, und der Gestaltung des Behandlungsablaufs dient. Die Zufriedenheit des Patienten bezüglich der Behandlung insgesamt und auch der Beziehung insbesondere, hängt wesentlich von der optimalen Verwendung behandlungssteuernder Interviews und Kommunikationsgeschicklichkeiten ab. (S. 219)

In diesem Zitat wird erneut deutlich, dass zwischen Diagnostik und Intervention fließende Übergänge bestehen (siehe Abschn. 1.1.4). So sprechen Kanfer et al. (2012) im Rahmen ihres *Selbstmanagement-Therapie-Ansatzes* von einem *diagnostisch-therapeutischen Prozess,* da alle Äußerungen einer Klientin oder eines Klienten während einer Behandlung immer auch diagnostische Informationen für die oder den Therapierenden liefern, die für weitere Maßnahmen genutzt werden können. Umgekehrt kann auch eine primär mit diagnostischer Zielsetzung gestellte Frage beim Gegenüber Reflexionsprozesse stimulieren, die für therapeutische Effekte wichtig sind.

Innerhalb verschiedener Therapieschulen sind jeweils spezielle Arten der Gesprächs- und Interviewführung entwickelt worden (vgl. zur Übersicht Bastine 1998). So lehnt sich ein weicher Interviewstil an die von Carl Rogers begründete *Gesprächspsychotherapie* an. In der daraus abgeleiteten klientenzentrierten Gesprächsführung kommt es darauf an, eine bestimmte Haltung zu realisieren, die durch die Aspekte einfühlendes Verstehen (Empathie), unbedingte Wertschätzung sowie Echtheit/Kongruenz gekennzeichnet ist, um die Klientin oder den Klienten zur Selbstexploration anzuregen. Eine gute Einführung in die klientenzentrierte Gesprächsführung mit vielen Übungen und Fallbeispielen bietet das Buch von Weinberger (2013).

In der *lösungsorientierten Kurzzeittherapie,* die am Brief Family Therapy Center in Milwaukee entwickelt wurde (z. B. deJong und Berg 2014; deShazer 2015), sind spezielle Fragetechniken zur Exploration von Ressourcen und

Ausnahmen von einem Problemmuster entwickelt worden. Außerdem dienen spezielle hypothetische Fragen dazu, die Ziele der Klientin/des Klienten zu klären und Lösungen zu konstruieren. Eine Übersicht zu Interviewleitfäden in der lösungsorientierten Kurzzeittherapie geben Seidenstücker und Wenzel (2001). Ein bekanntes Beispiel ist die sogenannte „Wunderfrage" nach deShazer (2015), die bereits im Abschn. 1.1.4 dargestellt wurde.

Spielbasierte Befragungstechniken: Die Befragung von kleineren Kindern (zwischen 4 und 8 Jahren) ist mit besonderen Herausforderungen verbunden. Es leuchtet intuitiv ein, dass Kinder nicht in derselben Weise interviewt werden können wie Jugendliche und Erwachsene. In einer unbekannten Befragungssituation mit unvertrauten interviewenden Personen besteht eine hohe Wahrscheinlichkeit, dass gerade bei kleinen Kindern Hemmungen, Ängste und Unsicherheiten auftreten (vgl. Sturzbecher 2001, S. 51 ff.). Selbst wenn solche Schwierigkeiten überwunden werden, kann eine „normale" Befragung z. B. über die familiäre Situation, ein Kind überfordern und Loyalitätskonflikte („Darf ich einer/einem Fremden von zu Hause erzählen?") oder schnell auch Langeweile auslösen. Um derartige Probleme zu überwinden und eine kindgerechte Interviewgestaltung zu ermöglichen, sind sogenannte spielbasierte Befragungstechniken entwickelt worden (Sturzbecher 2001). Die damit verbundene Idee ist, die mündliche Befragung im Medium Spiel umzusetzen. Im Idealfall sprechen Kinder im Rahmen einer spielbasierten Befragung aus sich heraus und haben sogar Spaß daran. Zu den spielbasierten Befragungstechniken zählt Sturzbecher (2001) bestimmte projektive Verfahren, wie z. B. den Szeno-Test (v. Staabs 2004). Es handelt sich dabei um einen Holzkasten mit 16 biegsamen Puppenfiguren (8 Erwachsene, 8 Kinder, zw. 7 und 15 cm), Bausteinen und Zusatzmaterial (Tiere, Fahrzeuge, Symbolfiguren, Bäume, Beete, Blumen, Früchte, Alltagsgegenstände; seit 1997 zudem: Einhorn, Elefant, farbloser Karfunkelstein, Fernseher, Löwe, Prinz, Schrubber). Der Deckel des Testkoffers dient als Spielfläche. Das Kind soll im Deckel etwas aufbauen, sagen, wenn es damit fertig ist und erzählen, was es aufgebaut hat. Das Testmaterial hat gerade für Kinder hohen Aufforderungscharakter. In diesem spielerischen Rahmen findet so die Exploration statt.

3.1.2 Personalpsychologie

Auch in der Arbeits- und Organisationspsychologie und zwar insbesondere in der Personalpsychologie, zu deren Aufgaben u. a. die Auswahl und Platzierung von Mitarbeitenden (Berufseignungsdiagnostik) und die Veränderung der Leistungsvoraussetzungen (Personalentwicklung) zählen, ist das Interview eine

3.1 Interviews in unterschiedlichen psychologischen Anwendungsfeldern 33

zentrale diagnostische Methode. So gilt das Einstellungsinterview als die wichtigste Methode zur Auswahl von Mitarbeitenden (vgl. Schuler 2018, Schuler und Marcus 2014). Um Einstellungsinterviews möglichst valide, reliabel und objektiv durchführen zu können, hat Schuler (2018) ein teilstandardisiertes Interviewsystem entwickelt, in dem die Vorteile vorhandener Systeme genutzt und deren Nachteile überwunden werden sollen.

Das *Multimodale Interview* (MMI® ist eine eingetragene Markenbezeichnung der S&F Personalpsychologie Managementberatung GmbH) hat folgende Bestandteile, die für verschiedene Branchen, Tätigkeiten und Positionen spezifiziert werden müssen (eine ausführlichere Darstellung findet sich bei Schuler 2018, Kap. 9):

1. Gesprächsbeginn: Herstellen einer angenehmen Gesprächsatmosphäre, Interview einleiten, Vorstellen der Teilnehmenden am Interview, Überblick über Ablauf und Dauer des Interviews geben; ggf. darauf hinweisen, dass Sie Notizen machen
2. Selbstvorstellung der Bewerberin/des Bewerbers: Bewerbende_n bitten, sich (bspw. anhand von Lebenslauf, aktueller Tätigkeit, Zukunftsperspektive und persönlichen Interessen) vorzustellen; ggf. Schwerpunkt für Selbstvorstellung vorgeben; Bewerbende_n während der Selbstvorstellung nicht unterbrechen, eventuelle Fragen notieren
3. Freier Gesprächsteil: Vorab notierte Fragen zu den Bewerbungsunterlagen stellen; Fragen aufgreifen, die sich während der Selbstvorstellung ergeben haben
4. Berufsinteressen, Berufs- und Organisationswahl: Fragen zu den Gründen der Bewerbung, zum Interesse der/des sich Bewerbenden am Berufsbild, an der ausgeschriebenen Stelle, am Unternehmen, an der Branche; spezifisches Handlungswissen erfragen und ggf. Arbeitsprobe fordern
5. Biographiebezogene Fragen: aus Anforderungsanalyse der ausgeschriebenen Stelle abgeleitete Fragen stellen; Fragen können auch standardisierten biografischen Fragebögen oder Tests entstammen
6. Realistische Tätigkeitsinformation: Einblicke in den Berufsalltag geben und dabei positive wie negative Aspekte erwähnen; über Anforderungen, Unternehmensphilosophie und zentrale Werte (Unternehmenskultur) informieren
7. Situative Fragen: Eindruck über Verhalten des/der sich Bewerbenden in typischen, herausfordernden Situationen gewinnen, dazu kritische Arbeitssituation schildern und den/die Bewerber_in fragen, wie er/sie handeln würde
8. Gesprächsabschluss: offene Fragen seitens der Bewerberin oder des Bewerbers klären, Auswahlprozess und weiteren Verlauf (Organisatorisches, Zeitpunkt der Rückmeldung, Ansprechperson, …) kurz beschreiben, für Gespräch bedanken

Westhoff und Mitarbeiter (2009) haben die Prinzipien des *Entscheidungsorientierten Gesprächs* (EOG) für Einstellungsinterview umgesetzt und nutzbar gemacht. Das EOG bietet eine Systematik zur Vorbereitung, Durchführung und Auswertung von Interviews, die für alle Arten von Gesprächen, die Entscheidungen vorbereiten sollen, eingesetzt werden kann (Kici und Westhoff 2000; Westhoff und Kluck 2014). Entscheidungsorientierte Gespräche dienen der Vorbereitung möglichst zufriedenstellender Entscheidungen und werden nach wissenschaftlich-psychologischen Kriterien geplant, durchgeführt und ausgewertet. Entscheidungsorientierte Gespräche zeichnen sich u. a. durch Teilstandardisierung und Verhaltensorientierung aus, d. h. es wird insbesondere nach konkretem Verhalten gefragt. Um entscheidungsrelevante Variablen identifizieren und entsprechende Fragen konstruieren zu können, wird folgende Verhaltensgleichung vorgeschlagen (vgl. Westhoff und Kluck 2014):

$$V = f_I(U,O,K,E,M,S)$$

Verhalten (V) ist demnach eine Funktion (f_I) folgender Gruppen von Variablen:

- Umgebungsvariablen (U): äußere Lebensbedingungen, z. B. finanzielle Situation, Wohnsituation
- Organismusvariablen (O): körperliche Bedingungen, z. B. Ernährungsweise, Krankheiten, Drogenabhängigkeit
- Kognitive Variablen (K): z. B. Leistungsfähigkeit, Wahrnehmen, Lernen, Denken
- Emotionale Variablen (E): z. B. emotionale Belastbarkeit, Umgang mit Belastungen, relativ überdauernde Gefühle
- Motivationale Variablen (M): z. B. Leistungsmotiv, Ziele
- Soziale Variablen (S): z. B. soziale Intelligenz, Einstellungen

und deren Wechselwirkungen (Index I).

Dabei ist freilich nicht geklärt, um welche Art von Funktion es sich handelt und wie genau die Wechselwirkungen aussehen. Letztendlich ist die Verhaltensgleichung ein Heurismus, der sinnvoll ist, um zu überlegen, welche Variablen angesichts einer konkreten Fragestellung eine Rolle spielen könnten. Es sollten dann nur solche Variablen ausgewählt und berücksichtigt werden, deren Relevanz in wissenschaftlichen Studien empirisch nachgewiesen wurde und die praktisch bedeutsam für die betreffende Fragestellung sind. Wenn z. B. vom Gericht ein Gutachten in einem Sorgerechtsstreit beauftragt wird, sollte die bzw. der Diagnosestellende u. a. Informationen zu sozialen und emotionalen Variablen wie der Bindung des Kindes an die Eltern erheben, weil zahlreiche Studien zeigen, dass eine sichere Bindung eine wichtige Bedingung für die positive Entwicklung eines Kindes ist.

3.1.3 Forensische Psychologie

Zeuginnen- und Zeugenaussagen spielen in Ermittlungs- und Strafverfahren eine entscheidende Rolle. Die Zuverlässigkeit von Bezeugendenaussagen hängt maßgeblich davon ab, wie gut Informationen über ein relevantes vergangenes Ereignis aus dem Gedächtnis abgerufen werden können. Um in diesem Sinne möglichst valide Aussagen von Zeuginnen bzw. Zeugen zu erhalten, haben Geiselman und Fisher (1997) gestützt auf gedächtnispsychologische Studien eine besondere Form der Befragung entwickelt, in der sogenannte Erinnerungshilfen verwendet werden. Sie nennen diese auf Erinnerungshilfen gestützte Form der Zeuginnen- und Zeugenbefragung das *Kognitive Interview* (eine kurze Einführung geben Köhnken et al. 2008; ausführlicher zum Thema Vernehmung und Zeugenbefragung nehmen Milne und Bull 2003 Stellung). In der ursprünglichen Version des Kognitiven Interviews wurden die folgenden vier Erinnerungshilfen eingesetzt (vgl. Köhnken et al. 2008, S. 233 f.):

1. Mentales Zurückversetzen in den Wahrnehmungskontext, da damit die Erinnerungsleistung verbessert wird. Die Zeugin/der Zeuge wird gebeten, in ihrer/seiner Vorstellung zu dem Zeitpunkt und dem Ort „zurückzugehen", an dem sie Zeugin/er Zeuge der Tat wurde. Um dieses mentale Zurückversetzen zu erleichtern, wird sie/er nach externen Bedingungen der damaligen Situation gefragt, z. B. dem Wetter, nach emotionalen Bedingungen (eigene Stimmung, Angst), nach den Gedanken, die ihr/ihm damals durch den Kopf gingen und auch nach optischen, akustischen und olfaktorischen Eindrücken (Was haben Sie gesehen? Welche Geräusche haben Sie gehört? Können Sie sich möglicherweise auch an Gerüche erinnern?)
2. Die befragte Person bitten, alles zu erzählen, was ihr oder ihm einfällt; auch Dinge, die ihr oder ihm unwichtig erscheinen. Man sollte die Zeugin oder den Zeugen nach dieser Bitte möglichst frei erzählen lassen, da dabei Assoziationen aktiviert werden, die die Erinnerung verbessern können. Es hat sich gezeigt, dass mehr korrekte Informationen aus einem freien Bericht resultieren als durch sogenannte geschlossene Fragen, bei denen der Antwortmodus vorgegeben ist (z. B. ja vs. nein, vgl. Abschn. 1.2).

3. Schilderung des Ereignisses in unterschiedlichen Reihenfolgen, z. B. von „hinten nach vorne"; auch dieses Prinzip soll Assoziationen auslösen und die Erinnerung verbessern.
4. Schilderung des Ereignisses aus verschiedenen Perspektiven; die Zeugin/der Zeuge wird gebeten, das Ereignis aus der Perspektive einer anderen in der Situation anwesenden Person zu schildern. Zur Wirksamkeit dieser Erinnerungshilfe liegen unterschiedliche Ergebnisse vor, weil die Probandin/der Proband durch diese Instruktion auch zu Spekulationen eingeladen wird („Was könnte die bzw. der wohl gesehen haben?").

Viele empirische Studien zeigen, dass in Kognitiven Interviews mehr korrekte, aber auch etwas mehr inkorrekte Details berichtet werden als in herkömmlichen Bezeugendenbefragungen (Köhnken et al. 2008). Der Zuwachs an korrekten Details ist insgesamt jedoch höher. Weitere Informationen zur Beschuldigtenvernehmung und zum Thema Aussagebeurteilung finden sich im Handbuch der Rechtspsychologie von Volbert und Steller (2008).

Im Zusammenhang mit der Zuverlässigkeit von Zeuginnen- und Zeugenaussagen sind die Studien und Befunde zu sogenannten *false memories* relevant. Vor dem Hintergrund der Erkenntnis, dass unser Gedächtnis ein rekonstruktiver Prozess und anfällig für Verzerrungen ist, konnte in experimentellen Untersuchungen gezeigt werden, dass durch bestimmte Taktiken *falsche* (autobiographische) Erinnerungen bei den Versuchspersonen erzeugt werden können, z. B. als Kind in einem Einkaufszentrum verloren gegangen zu sein (Loftus 1997) oder in einer kürzlich abgelegten Prüfung geschummelt zu haben (Russano et al. 2005).

Shaw und Porter (2015) konnten durch bestimmte Taktiken in drei aufeinander folgenden Interviews mit jeweils 30 studentischen Versuchspersonen bei 21 von ihnen falsche Erinnerungen an Straftaten mit Polizeikontakt erzeugen, die sie im Alter zwischen 11 und 14 Jahren vermeintlich begangen haben sollen. Bei den Straftaten handelte es sich um einen Überfall einer anderen Person, einen Diebstahl und einen Überfall mit einer Waffe. Die Versuchspersonen hatten sich vor den Interviews damit einverstanden erklärt, dass die Versuchsleitung ihren Eltern Fragebögen („memory questionnaires") zuschickt. Das gesamte Vorgehen folgte weitgehend einem bereits etablierten Paradigma zur Erzeugung von falschen Erinnerungen (familial-informant false-narrative paradigm, z. B. Porter et al. 1999).

Die Taktiken zur Erzeugung der falschen Erinnerungen, die in den drei im Abstand von einer Woche geführten Interviews zum Einsatz kamen, waren (Shaw und Porter 2015, S. 3):

1. Nicht widerlegbare falsche Beweise: „In dem Fragebogen haben Deine Eltern gesagt …"
2. Sozialer Druck: „Den meisten Menschen gelingt es, sich an verloren gegangene Gedächtnisinhalte zu erinnern, wenn sie sich wirklich anstrengen."
3. Suggestive Erinnerungstechniken, z. B. wurde den Versuchspersonen gesagt, dass es sich um eine Studie über verschiedene Gedächtnistechniken handelt und dass sie das (falsche) Ereignis jeden Abend vor dem Schlafengehen visualisieren sollen.
4. Herstellen von Rapport, d. h. einer harmonischen Beziehung, durch Fragen wie z. B.: „Wie ist es in deinem Semester bisher gelaufen?" vor dem Beginn des Interviews.
5. Nicken, Lächeln und positive verbale Verstärker („Gut!"), wenn Details der falschen Erinnerungen berichtet wurden.
6. Enttäuschung und gleichzeitig Verständnis zeigen, wenn nichts oder nur wenig erinnert wurde: „Das ist okay, viele Menschen können bestimmte Ereignisse zuerst nicht erinnern, weil sie so lange nicht mehr daran gedacht haben."
7. Vorgeben von zusätzlichem Wissen, wenn die interviewte Versuchsperson fragte, ob die erinnerten Details richtig sind: „Das klingt nach dem, was Deine Eltern geschrieben haben"; „Ich kann Dir nicht mehr sagen, weil die Details von Dir kommen müssen"!
8. Steigerung der Glaubwürdigkeit der interviewenden Person durch Bücher über Gedächtnis und Gedächtnistechniken, die im Interviewraum aufgestellt waren.

Durch den Einsatz dieser Techniken kann es zu einer zunehmenden Internalisierung der falschen Erinnerungen als tatsächliche, „wahre" Erinnerungen kommen; in den Worten von Shaw und Porter (2015): „imagined memory elements regarding what something *could* have been like can turn into elements of what it *would* have been like, which can become elements of what it *was* like" (S. 8).

Auch in forensischen Kontexten können bestimmte konfrontative Befragungstechniken, die suggestiv Schuld unterstellen und dabei „Beweise", wie z. B. falsche Zeuginnen- oder Zeugenaussagen anführen, dazu führen, dass eigentlich unschuldig Angeklagte die Anschuldigungen internalisieren und am Ende der Überzeugung sind, sie hätten die Tat wohl „wirklich" vergessen. Die Folge können dann falsche Geständnisse sein (Kassin et al. 2012). Gegen solche und andere Missstände im Rechtswesen geht das sogenannte Innocence Project (www.innocentproject.org) vor, dessen Mission es ist, für die Freilassung von unschuldig Inhaftierten zu sorgen.

3.2 Interviews in der psychologischen Forschung

Unter welchen Bedingungen die Interview-Methode in der *Forschung* angewendet wird, hängt einerseits stark davon ab, ob man als Forscherin oder Forscher eher qualitativ oder quantitativ vorgeht. Generell aber würde jede Wissenschaftlerin und jeder Wissenschaftler zustimmen, dass Phänomene, die entweder gar nicht oder nur schwer beobachtbar sind und zu denen noch keine oder wenig theoretische Überlegungen und empirische Befunde vorliegen, Interviews zur Exploration notwendig machen. Im quantitativen Paradigma werden die Ergebnisse von Interviews dabei eher vorbereitenden, d. h. hypothesenerkundenden Charakter haben, während im qualitativen Paradigma Interviews eine der wichtigsten Forschungsmethoden darstellen. Interviews werden besonders bei idiographisch orientierten Forschungsfragestellungen eingesetzt, also bei Forschungsfragen, die das Besondere der einzelnen Persönlichkeit (griechisch *idios*) fokussieren. Derartige Interviews bilden häufig aber nur einen ersten, jedoch wichtigen Schritt zur Gewinnung einzelfallbezogener Informationen, die im weiteren Forschungs- und Analyseprozess dann häufig nomothetisch weiterverarbeitet werden. Nomothetisch bedeutet, dass allgemeine Gesetzmäßigkeiten abgeleitet werden (griechisch *nomothetikos*). Eine ausführliche Darstellung der Kontroverse Einzigartigkeit (idiographisch) vs. Generalisierbarkeit (nomothetisch) findet sich bei Laux (2008).

3.2.1 Biographische Persönlichkeitsforschung

In Deutschland ist die Interview-Methode in Form einer freien Exploration besonders in der biographischen Persönlichkeitsforschung von Hans Thomae (1968, 1996) eingesetzt worden. Ein neuerer biographisch-narrativer Ansatz, der stärker strukturierte Interviews nutzt, stammt von McAdams (2006). Beide Ansätze werden im Folgenden differenzierter dargelegt.

Thomae verfolgte einen idiographischen Ansatz in einem ganz eigenen Sinn: Das Individuum und seine Welt (so auch der Titel seines Hauptwerks) sollte demnach möglichst genau und wertneutral sowie theoretisch und methodisch unvoreingenommen erfasst werden. Theoretische Unvoreingenommenheit bedeutet, dass eine Forscherin bzw. ein Forscher einem Individuum *nicht* die eigenen psychologischen Konstrukte überstülpen sollte:

> Die Denk- und Ausdrucksweisen dieser Person und nicht das psychologische Konstrukt oder das Messmodell [...] bilden den Ausgangs- und Orientierungspunkt für alle Vorgehensweisen des Untersuchers. (Thomae 1992, S. 324)

3.2 Interviews in der psychologischen Forschung

Die Gewinnung von Verhaltens- und Erlebnisdaten hat dem idiographischen Prinzip zu folgen, das möglichst die ‚unverzerrte' psychische Wirklichkeit zu erfahren und zu erfassen strebt. (Thomae 1968, S. 106)

Thomae grenzt sich damit von solchen Forschungsansätzen ab, die er als normativ bezeichnete und kritisierte zudem die Fragebogenmethode, weil die itemgestützte Erhebung den idiosynkratisch strukturierten Erlebnisstrom „zerhacke". Die Vorgabe von einzelnen Aussagen in Items, zu denen eine quantitative Einschätzung auf einer Ratingskala vorgenommen werden soll, ist dem dynamischen Erlebens- und Verhaltensstrom nicht angemessen.

Wissenschaftstheoretisch ist diese Position sicherlich problematisch, weil darin eine naiv-empirische Haltung zum Ausdruck kommt, nach der sich die Wirklichkeit den Forschenden „einfach so" erschließt. Empirische Wissenschaft kann aber nicht „einfach so" an der Erfahrung ansetzen, sondern beginnt immer mit mehr oder weniger expliziten theoretischen Annahmen, die dann Einfluss darauf haben, welche Erfahrungsbereiche der Wirklichkeit beobachtet werden oder wonach gefragt wird. Dennoch kann man die ausschließlich theoriegeleitete „top-down"-Forschung auch übertreiben, nur noch seine eigenen Hypothesen prüfen wollen und damit blind gegenüber neuen Erkenntnissen werden. Denn es stellt sich umgekehrt auch die Frage, wie eine ausschließlich theoriegeleitete, hypothesenprüfende Forschungsstrategie eigentlich zu neuen theoretischen Erkenntnissen gelangt; es werden dabei streng genommen ja nur solche theoretischen Sätze gestützt oder verworfen, die schon da sind. Woher kommen dann aber neue theoretische Hypothesen? Auch wenn nicht völlig theoretisch und methodisch unvoreingenommen geforscht werden kann, macht es doch einen Unterschied, mit welchem Grad an Offenheit Forschende dem Individuum gegenübertreten und ob sie dabei lediglich „ihre" Konstrukte mit entsprechend restriktiven Methoden bestätigen oder die Konstrukte bzw. „die Welt des Individuums" kennen lernen und dabei etwas Neues entdecken wollen.

Freie Exploration: Hans Thomae setzte wie eingangs erwähnt die freie Exploration und damit eine wenig strukturierte Form des Interviews als Forschungsmethode ein, um möglichst unvoreingenommen Daten über das Erleben und Verhalten eines Individuums erheben zu können:

Die Exploration soll dem so genannten „Durchschnittsmenschen" eine Chance geben, in der Wissenschaft vom menschlichen Verhalten und seiner inneren Begründung zu Wort zu kommen. Die meisten unserer diagnostischen Verfahren engen seine Antwortmöglichkeiten bereits auf ein Konzept ein, das den Erwartungen einer bestimmten Theorie oder den Erfordernissen einer bestimmten Methodologie entspricht. Dadurch verschließt sich die Wissenschaft der vollen Breite menschlichen

Verhaltens. Da eine Fremdbeobachtung dieses Verhaltens aus äußeren Gründen meist nicht möglich ist, stellt die Exploration einen der wenigen Zugänge zu einer durch den methodologischen Zugriff noch nicht veränderten seelischen Wirklichkeit dar. (Thomae 1968, S. 113)

Die Probandin bzw. der Proband wird zu Beginn der freien Exploration zunächst gebeten, spontan über ihr/sein Leben oder bestimmte biographische Einheiten, z. B. Lebensabschnitte zu berichten. Im Anschluss an diesen Bericht können dann weitere Fragen gestellt werden. Entscheidendes Kennzeichen der freien Exploration ist zudem die Haltung gegenüber der Probandin/dem Probanden, die/der nicht als passive „Versuchsperson", sondern eher als Kollegin oder Kollege bzw. als „Experte oder Expertin ihres oder seines eigenen Daseins" verstanden wird.

Daseinstechniken und Reaktionsformen: Hans Thomae verfolgte bei der Datenerhebung zwar einen radikal idiographischen Ansatz, hat aber für die Auswertung der in einer freien Exploration gewonnenen Berichte einige Analyse-Einheiten vorgeschlagen. Besonders zentral ist das Konzept der Daseinstechniken (später Reaktionsformen genannt), das er in Abgrenzung zum amerikanischen Begriff *coping* bzw. Bewältigung einführte, weil er damit ein aktivistisches, amerikanisches Leitbild assoziiert sah (vgl. Laux 2008). Es ging Hans Thomae um einen möglichst wertneutralen Begriff. „Bewältigung" impliziert für Thomae bereits aktive und erfolgreiche Versuche. Bewältigung bzw. Reaktionsformen betreffen aber auch einen passiv-vermeidenden Umgang mit Stress. Daseinstechniken bzw. Reaktionsformen sind demnach Möglichkeiten des Umgangs mit bedeutenden, insbesondere belastenden Lebenssituationen. Wir werden in Abschn. 7.3.2 einige Reaktionsformen nach Thomae kennen lernen, die in einer Diplomarbeit zum Thema „Studieren mit Kind" zur Analyse von Interviewdaten herangezogen und teilweise erweitert wurden.

Laux (2008), in dessen Einführungsbuch zur Persönlichkeitspsychologie eine umfassende Überblicksdarstellung zum Ansatz von Hans Thomae zu finden ist, zieht folgendes Resümee:

> Einige Kritiker des idiographischen Vorgehens neigen dazu, idiographisch mit *geisteswissenschaftlich*, *subjektiv* oder sogar mit *unwissenschaftlich* gleichzusetzen. Sie übersehen damit notorisch, dass idiographisches Arbeiten im Sinne von Thomae auf eine möglichst genaue und umfassende Darstellung von Phänomenen abzielt, also eine radikale empirische Orientierung aufweist. (S. 166)

Ganz in diesem Sinne und unter Berufung auf Hans Thomae forderte der schwedische Psychologe David Magnusson (1992) beim vierten European Congress of Personality: „Back to the phenomena!"

3.2 Interviews in der psychologischen Forschung

Ein neuerer biographisch-narrativer Ansatz in der Persönlichkeitspsychologie, in dessen Rahmen ebenfalls – allerdings stärker strukturierte – Interviews eingesetzt werden, stammt von Dan P. McAdams (Bauer und McAdams 2004). Nach McAdams und Pals (2006) unterscheiden sich Menschen nicht nur im Hinblick auf Eigenschaften und charakteristische Adaptationen (persönliche Ziele, Bewältigungsstrategien, etc.), sondern auch in der Art und Weise, wie sie Identität und Bedeutung im Rahmen einer *individuellen Lebenserzählung* konstruieren. Identität wird als *narrative Identität* aufgefasst, als internalisierte Geschichte, die eine Person immer wieder erzählt, um die Vergangenheit und die Zukunft in ein mehr oder weniger kohärentes Ganzes zu integrieren und, um ein gewisses Ausmaß an Einheit und Sinn zu erlangen. Jede Lebenserzählung ist zwar einzigartig, zugleich aber können innerhalb einer Kultur bestimmte gemeinsame Muster über verschiedene Lebensgeschichten hinweg identifiziert werden. McAdams und Pals betonen in diesem Zusammenhang, dass der kulturelle Kontext die Lebenserzählung stark beeinflussen kann, da jede Kultur sozusagen ein „Menü" von Themen, Bildern und Plots für die Konstruktion der narrativen Identität bereithält. So tendieren amerikanische Frauen und Männer mittleren Alters nach einer Studie von McAdams (2013) dazu, ihr Leben als Folge von „Erlösungsgeschichten" (narratives of redemption) zu erzählen. Insbesondere Amerikaner_innen mit hoher Generativität im Sinne von Erikson, also Frauen und Männer, die sich besonders in ihrem Beruf, der Familie, der Gemeinde oder in religiösen Institutionen engagieren, neigen dazu, ihr Leben als Sequenz von Episoden zu erzählen, in denen sie selbst als Protagonisten nach einer Phase der Anstrengung und des Leidens einen höheren Status erlangen. Zudem werde in diesen Erzählungen der Wunsch offenbar, der Gesellschaft aus Dankbarkeit für die eigenen „Erlösungen" etwas zurückzugeben. Diese narrative Konstruktion hat nach McAdams (2013) den Vorteil, dass harte und frustrierende Arbeit in der Gegenwart besser bewältigt werden kann, wenn angenommen wird, dass zukünftige Generationen davon profitieren. In den „Erlösungsgeschichten" spiegeln sich Werte und Normen, die für die amerikanische Kultur schon immer kennzeichnend waren: Sühne, Emanzipation, Aufschwung, Selbstverwirklichung und sozialer Aufstieg. Nach McAdams (2007) drehen sich diese Erlösungsgeschichten um heroische Protagonistinnen bzw. Protagonisten: „the *chosen people* – whose *manifest destiny* is to make a positive difference in a dangerous world, even when the world does not wish to be redeemed" (S. 25, Hervorhebungen im Original).

Mittlerweile hat sich in den Sozialwissenschaften ein narratives Paradigma etabliert, zu dem auch der Ansatz von McAdams gezählt werden kann. Ansätze zur narrativen Identität betonen gegenüber traditionellen Konzeptionen, die Identität als etwas „bewusst Erreichtes", „Gefundenes", „Kristallisiertes", „Realisiertes".

Das „Sich-Erzählen" wird als offener und unabgeschlossener Prozess konzipiert. Kohärenz und Kontinuität der Selbstnarration müssen immer wieder von Neuem erkämpft werden. „Was wir tun, ist, uns und anderen wieder und wieder die Geschichte davon zu erzählen, was uns beschäftigt und wer wir sind" (Carr 1986, zitiert nach Kraus 2000, S. 169).

Interview- und Kodierleitfäden, die McAdams in seinen Studien verwendet, finden Sie hier:

http://www.sesp.northwestern.edu/foley/instruments

Eine Übersicht zum State of the Art des narrativen Paradigmas hat Michael Bamberg (2007) herausgegeben. Zudem existiert seit 1990 mit *Narrative Inquiry* (vormals: Journal of Narrative and Life History) eine eigene Zeitschrift zum narrativen Paradigma:

https://wordpress.clarku.edu/mbamberg/journals/

3.2.2 Interviewtechniken der qualitativen Sozialforschung

Die qualitative Sozialforschung gilt als eigenständiges Paradigma und wird in eine mitunter übertriebene und unproduktive Opposition zum sogenannten quantitativen Paradigma gestellt. Qualitative Forschung ist die Bezeichnung für eine breite und nicht leicht zu überschauende Gruppe von Methoden, die in ganz unterschiedlichen sozial-, kultur- und auch wirtschaftswissenschaftlichen Fächern eingesetzt wird. Auch in der Psychologie kommen qualitative Methoden zum Einsatz, wobei der sogenannte Mainstream eher an quantitativen Methoden orientiert ist – ob diese Tatsache „gut" oder „schlecht" ist, steht auf einem anderen Blatt und würde eine längere Diskussion erfordern, die den Rahmen dieses Lehrbuchs sprengt. Festzuhalten bleibt, dass qualitative Methoden in anderen Sozialwissenschaften (z. B. in der Soziologie, den Bildungswissenschaften und der Politologie) einen höheren Stellenwert einnehmen als in der Psychologie. Allerdings wird in einem aktuellen, im *American Psychologist* erschienenen Artikel (Levitt et al. 2018) ein Revival der qualitativen Methoden in der Psychologie konstatiert. In dem genannten Artikel werden *Reporting Standards* für qualitative Studien vorgeschlagen, an denen sich qualitativ arbeitende Autorinnen und Autoren beim Schreiben von Artikeln und Reviewer sowie Herausgeber von Zeitschriften bei der Begutachtung orientieren können. Einen umfassenden Überblick zu Konzepten, Methoden und Anwendungsfeldern der qualitativen Forschung in der Psychologie bietet das gleichnamige Handbuch von Mey und Mruck (2019).

3.2 Interviews in der psychologischen Forschung

Trotz der hohen Diversität qualitativer Forschungsmethoden lassen sich nach Breuer (2018, S. 5 f.) die nachfolgenden „paradigmatischen Gemeinsamkeiten" identifizieren (siehe auch Flick, von Kardorff und Steinke 2009):

1. Qualitative Forschung „richtet sich auf ‚natürliche' Phänomene, nicht solche aus dem (psychologischen) Experimentallabor. Vielmehr geht es um alltags- bzw. lebensweltliche Probleme und Prozesse" (Breuer 2018, S. 5). Ein Beispiel dafür wäre das Erleben von Arbeitslosigkeit, das eben nicht im Rahmen einer experimentellen Untersuchung oder mit Hilfe eines Fragebogens untersucht werden kann. Ein Fragebogen könnte erst dann vorgelegt werden, wenn man bereits wüsste, wie Arbeitslosigkeit erlebt wird, aber das ist ja genau die Forschungsfrage (vgl. hierzu auch die Darstellung der qualitativen Methoden in Hussy et al. 2013). Dass das Erleben von Arbeitslosigkeit nicht sinnvoll mit Experimenten und Fragebogen untersucht werden kann, sondern andere Methoden, z. B. Interviews, erfordert, verweist auf die zentrale Forderung nach der *Gegenstandsangemessenheit* von (qualitativen) Methoden und qualitativer Forschung.
2. Die Daten werden zumeist durch (teilnehmende) Feldbeobachtungen, Interviews oder über „‚autonome' Produktionen des Feldes (sog. Nichtreaktive Datenquellen: Re-/Präsentationen im Internet, Akten, Umweltgestaltung, Bilder, etc.)" (Breuer 2018, S. 5), erhoben.
3. Die Auswertung erfolgt über sozialwissenschaftlich-hermeneutische Prozeduren, d. h. durch ein regelgeleitetes, systematisches und (selbst-)reflexives Vorgehen, in dem das *Verstehen* der Phänomene im Mittelpunkt steht. Diesen Primat des Verstehens hat bereits Dilthey (1924, S. 143 f.) betont: „Die Natur erklären wir, das Seelenleben aber verstehen wir." Wie diese sozialwissenschaftlich-hermeneutischen Prozeduren genau ablaufen, kann an dieser Stelle nicht genauer ausgeführt werden, da es den Rahmen dieser Einführung sprengen würde (vgl. hierzu das bereits genannte Handbuch von Mey und Mruck 2019 sowie das Kapitel über qualitative Methoden in Hussy et al. 2013).
4. Qualitatives Vorgehen zielt auf das Entdecken von *neuen* Konzepten, Typen und Strukturen ab und bemüht sich dabei als Heuristik um theoretische Offenheit. So wurden in einer vielzitierten qualitativen Studie zu den Auswirkungen von Arbeitslosigkeit, der sogenannten Marienthal-Studie (Jahoda et al. 1980) – benannt nach dem österreichischen Ort, in dem die Studie durchgeführt wurde – vier Grundhaltungen der Arbeitslosen identifiziert: Versuche zur Arbeitsbeschaffung; Resignation; Verzweiflung, Depression und Hoffnungslosigkeit; Apathie.

5. „Die Überzeugung, dass die *Person des/der Forschenden* sowie die *Interaktion zwischen Forschenden und Forschungspartner/innen* im gesamten Forschungsprozess eine wichtige Rolle für die Erkenntnisbildung spielen und methodischer Aufmerksamkeit und Berücksichtigung bedürfen" (Breuer 2018, S. 6).
6. Die Vorannahmen der Forschenden und das implizite Menschenbild werden im Forschungsprozess reflektiert.

Für die Interviewmethode bedeutsam ist u. a. das unter 3) genannte Kennzeichen – die Reflexivität der forschenden Person – aus dem sich ableiten lässt, dass die subjektiven Eindrücke, Reaktionen und Deutungen der interviewenden Person gegenüber der interviewten Person nicht als Störvariablen, sondern als eigene bedeutsame Datenquellen aufgefasst werden können. *Das* qualitative Interview im Sinne einer einzigen Methode gibt es jedoch nicht; im Gegenteil: qualitative Interviews finden sich in vielen verschiedenen Varianten. In einer Übersicht listen Bortz und Döring (2006, S. 315) 19 Interviewtypen auf, die sie als Varianten qualitativer Einzelbefragungen klassifizieren. Zu solchen qualitativen Interviewtypen wird auch das Leitfadeninterview gezählt, das als halbstrukturiertes Interview im Abschn. 1.2 vorgestellt wurde.

Um den Unterschied zwischen qualitativen Interviews und standardisierten, „quantitativen" Interviews deutlich zu machen hat Kvale (2015, S. 57–59) zwei Metaphern vorgeschlagen: „The Interviewer as a Miner or as a Traveler". Mit der Metapher von der Interviewerin bzw. vom Interviewer als *„Bergmann" (Miner)* soll eine Position gekennzeichnet werden, in der Wissen sozusagen als verschüttetes Edelmetall aufgefasst wird, das im „Inneren" von Individuen darauf wartet, von der interviewenden Person „ausgegraben" zu werden. Dabei wird das Wissen/das Edelmetall durch die „Grabungsaktivitäten" (d.h. die Interviewtätigkeiten) nicht verändert oder kontaminiert. Dies steht im übertragenen Sinne für standardisierte, quantitative Interviews. Mit der Metapher von der Interviewerin bzw. vom Interviewer als *„Reisendem" (Traveler)* ist dagegen die Auffassung verbunden, dass neues Wissen in der Konversation mit anderen sozusagen wie auf einer Bildungsreise konstruiert wird. Die Interviewenden als Reisende explorieren ein unbekanntes Land, haben möglicherweise Karten dabei oder lassen sich einfach treiben. Sie begleiten die unbekannten Landesbewohner_innen und hören sich ihre Geschichten an. Wieder zu Hause erzählen sie dann selbst Geschichten, in denen sie die Geschichten der unbekannten Landesbewohner_innen rekonstruieren. Oder sie erzählen den Landesbewohnenden, wie sie ihre Geschichten interpretieren und fragen, was sie davon halten. Dabei entsteht nicht nur neues Wissen; die Reisenden werden sich durch ihre Unternehmungen möglicherweise selbst

3.2 Interviews in der psychologischen Forschung

verändern. Dies steht im übertragenen Sinne für qualitative Interviews. Auch wenn die beiden Metaphern das Vorgehen bei quantitativen und qualitativen Interviews überspitzt darstellen, wird damit doch deutlich, dass Wissen in qualitativen Interviews als Konstruktion aufgefasst wird, die durch das gemeinsame Kommunizieren der Beteiligten entsteht. Dagegen werden Wissen oder besser Informationen in eher standardisierten, quantitativ orientierten Interviews als „gegeben" und objektiv feststellbar angesehen, was für bestimmte Daten sicherlich zutrifft, z. B. Bildungsstand, Alter, Auszeichnungen, Anzahl bisheriger depressiver Episoden, die behandelt wurden etc. jedoch an Grenzen stößt, wenn es um persönliche Bewertungen und Erlebensweisen oder auch Expertise geht.

Im Folgenden werden zwei Varianten qualitativer Interviewformen skizziert, die in der Literatur besonders häufig auftauchen (vgl. auch Hopf 2009): Das narrative Interview und das fokussierte Interview.

Narrative Interviews werden hauptsächlich in der qualitativen Biographieforschung verwendet und deshalb manchmal auch autobiographisch-narrative Interviews genannt (vgl. Schütze 1983). Sie umfassen im Wesentlichen eine sogenannte Anfangs- oder Haupterzählung, eine Phase des Nachfragens und eine Bilanzierungsphase, ansonsten ist das Vorgehen nicht weiter festgeschrieben.

1. Die Haupterzählung wird durch eine initiale Aufforderung stimuliert, in der der Testperson erläutert wird, dass sie/er nun z. B. ihre/seine gesamte Lebensgeschichte (oder einen interessierenden Abschnitt, z. B. das Studium an einer Universität) möglichst ausführlich erzählen soll. Während der Haupterzählung stellt die interviewende Person keine Nachfragen, sondern versucht bestenfalls durch zustimmende verbale und nonverbale Signale den Erzählfluss aufrechtzuerhalten. Erwartet wird, dass gerade durch das freie Erzählen Informationen generiert und offenbart werden, die die interviewte Person bei direkten Fragen nicht äußern kann oder will. Wer dagegen eine Geschichte erzählt, unterliegt, so Schütze (1983), bestimmten Zwängen, z. B. einem Gestaltschließungszwang und einem Detaillierungszwang (Details hierzu bei Küsters 2009), die dazu führen, dass umfangreicher und ausführlicher geschildert wird.
2. In der zweiten Phase kann die interviewende Person dann Nachfragen stellen, die sich auf vage, unverständliche oder vermeintlich unwichtige Passagen und Details der Haupterzählung beziehen. In dieser Phase geht es noch nicht um Gründe oder Warum-Fragen, sondern darum, das „tangentielle Erzählpotential" (Schütze 1983, S. 285), d.h in der Erzählung der Probandin/des Probanden angedeutete, aber noch nicht genau beschriebene Inhalte auszuschöpfen.

3. In der Bilanzierungsphase geht es dann darum, von den konkreten Details der Lebenserzählung zu abstrahieren und wiederkehrende Abläufe, Zusammenhänge und Muster zu identifizieren. Dabei gilt der sogenannte Informant als Experte und Theoretiker seiner selbst. Die Interviewerin kann mit ihren Fragen in dieser Phase an bereits geäußerten abstrahierten Kommentaren und Erklärungen des Informanten oder an besonderen Höhepunkten der Haupterzählung anknüpfen und auch Warum-Fragen stellen. Dasselbe gilt für Informantinnen und Interviewer.

Eine Einführung und Übersicht zu den theoretischen und methodologischen Grundlagen narrativer Interviews sowie zu Anwendungsbereichen und Hinweise für die eigene Forschungspraxis bietet das Buch von Küsters (2009).

Das *fokussierte Interview* wurde von den Soziologen Merton, Fiske und Kendall (1956) eingeführt. Besonderes Kennzeichen dieser Interviewform ist die Fokussierung auf ein bestimmtes Objekt oder einen Gegenstand, der als Gesprächsanreiz bzw. zur Stimulation des Gesprächs dient. Dabei kann es sich um einen Film, einen Zeitungsausschnitt, eine konkrete Situation etc. handeln, der bzw. die den Befragten bekannt ist. Ursprünglich wurden fokussierte Interviews als Gruppeninterviews durchgeführt; sie können aber auch in Form von Einzelgesprächen umgesetzt werden. Ziel ist es einerseits, Hypothesen zum fokussierten Gegenstand durch Äußerungen aller Gesprächsbeteiligten zu bestätigen oder zu widerlegen. Deshalb wird ein Interviewleitfaden konstruiert, in den die Hypothesen der Forschenden eingehen. Andererseits geht es aber auch darum, das Interview so offen zu gestalten und der/dem Gesprächspartner_in Freiräume zu verschaffen, dass vollkommen neue, von den Forschenden bisher nicht berücksichtigte Aspekte des fokussierten Gegenstands zu Tage treten können. Mit dieser zweiten Zielsetzung kann auch die „Anregung persönlicher, nicht immer leicht darzustellender Erinnerungen" (vgl. Hopf 2009, S. 355) einhergehen. So berichtet Hopf (2009) von einem Forschungsprojekt, in dem ein gewalthaltiger Film als fokussiertes Objekt zur Exploration der subjektiven Bedeutung filmischer Gewalt bei jugendlichen Berufsschülerinnen und -schülern verwendet wurde. In den Interviews berichteten viele Jugendliche dann auch spontan von eigenen Gewalterfahrungen. Insofern können über den „Umweg" eines fokussierten Objekts auch Zugänge zu subjektiven Erfahrungen erschlossen werden, die in einem herkömmlichen Interview eventuell schwerer zugänglich sind. Weitere Informationen zum fokussierten Interview finden sich im Buch von Merton et al. (1956) sowie in einem deutschsprachigen Kapitel von Merton und Kendall (1993).

4 Konzeption und Erstellung eines Interviewleitfadens

In diesem Kapitel wird erläutert, wie ein Gesprächsleitfaden zur Durchführung eines teilstandardisierten Interviews konstruiert werden kann. Im ersten Kapitel wurde der Strukturierungsgrad unter dem Stichwort Makrostruktur des Interviews eingeführt. Im Folgenden geht es um die Mikrostruktur (Fisseni 2004), die die konkrete Formulierung und Anordnung von Fragen zu Themenblöcken umfasst. Die Hinweise zu unterschiedlichen Fragentypen und deren Anordnung sind teilweise auch relevant, wenn ein vollständig standardisiertes oder ein unstandardisiertes Interview erstellt werden soll. So ist es auch für eine unstandardisierte Befragung hilfreich, wenn die/der Interviewer_in einschätzen kann, welche Arten von Fragen normalerweise welche Arten von Antworten zur Folge haben. Abschn. 4.1 gibt Hinweise zur Formulierung von Interviewfragen, in Abschn. 4.2 werden unterschiedliche Fragentypen und damit verbundene Implikationen beschrieben. Abschließend gibt Abschn. 4.3 konkrete Hinweise zur Konstruktion eines Interviewleitfadens.

4.1 Hinweise zur Formulierung von Fragen

In verschiedenen Einführungs- und Lehrtexten zur Interviewmethode werden Vorschläge oder Regeln unterbreitet, wie Fragen am besten formuliert werden sollen (z. B. Hron 1994 oder Fisseni 2004, die wiederum auf ältere Quellen verweisen). Dabei wird betont, dass es sich um Erfahrungsregeln handelt, die darauf abzielen, Fragen so zu formulieren, dass sie von Interviewten richtig, d. h. im Sinne der/ des Interviewenden, verstanden werden. Nur so sind valide Antworten möglich. Zudem soll der/dem Befragten die Antwort erleichtert und gegebenenfalls die Bedrohlichkeit des Interviews entschärft werden. Die nachfolgenden Hinweise beziehen sich in erster Linie auf Interviews in der psychologischen Forschung; viele Regeln gelten aber auch für angewandte, praktisch-psychologische Fragestellungen.

4.1.1 Einfachheit und Kürze

Generell wird empfohlen, Fragen einfach und kurz zu formulieren. Das Gegenteil von einfachen Fragen sind unnötig kompliziert und umständlich formulierte Fragen, die sich zumeist in langen Satzkonstruktionen widerspiegeln, wie das folgende Beispiel veranschaulichen soll:

- *Kompliziert, umständlich und zu lang:* „Können Sie mir bitte die Anstrengungen, Maßnahmen und Strategien beschreiben, die Sie einsetzen, um sowohl den Anforderungen ihres Studiums als auch den täglichen Herausforderungen, die mit Ihrer Mutterschaft bzw. Vaterschaft verbunden sind, gerecht zu werden bzw. um diese multiplen Verpflichtungen zu integrieren?"
- *Einfach:* „Wie schaffen Sie es, Studium und Kind „unter einen Hut" zu bringen?"

Auch Fragen die Fremdwörter und Fachtermini enthalten, können dem Prinzip der Einfachheit mehr oder weniger widersprechen. Mehr oder weniger, weil es natürlich auch von der/dem Befragten abhängt, ob eine Frage als einfach oder kompliziert wahrgenommen wird. So wird bei Befragungen von Kindern oder Personen, deren Muttersprache von der Interviewsprache abweicht, deutlich mehr auf einfache Fragen zu achten sein, als bei einer Befragung von promovierten Akademikerinnen und Akademikern.

4.1.2 Eindeutigkeit

Fragen sind eindeutig, wenn Sie sich auf einen einzigen Aspekt beziehen. Fragen, in denen mehrere Aspekte gleichzeitig angesprochen werden, können dagegen verwirrend wirken, weil Befragte dann entscheiden müssen, wonach eigentlich gefragt wird bzw. welchen Schwerpunkt sie in ihrer Antwort wählen. Folgende Beispiele illustrieren den Unterschied zwischen eindeutigen und uneindeutigen Fragen:

- *Uneindeutige Frage:* „Können Sie regelmäßig an Lehrveranstaltungen teilnehmen oder ist das wegen fehlender Kinderbetreuung manchmal nicht möglich und wählen Sie dann Lehrveranstaltungen nach den Zeiten aus, zu denen Kinderbetreuung gewährleistet ist?"
- *Eindeutige Frage:* „Nach welchen Kriterien wählen Sie Lehrveranstaltungen aus, die Sie besuchen wollen?"

Uneindeutig wirken Fragen auch dann, wenn sie doppelte Verneinungen enthalten:

- *Doppelte Verneinung:* „Denken Sie nicht auch manchmal daran, dass Sie wegen Ihres Kindes nicht weiterstudieren sollten?"
- *Ohne Verneinung (und einfacher):* „Haben Sie schon einmal daran gedacht, das Studium wegen Ihres Kindes abzubrechen?"

4.1.3 Weitere Prinzipien

Fragen sind suggestiv, wenn ihre Formulierung und/oder vor der Frage gegebene Informationen eine bestimmte Antwort nahelegen. Die eben angeführte Frage mit der eine doppelte Verneinung veranschaulicht wurde, ist auch suggestiv: Durch die Formulierung „nicht auch manchmal" im ersten Satzteil wird unterstellt, dass es bei Studierenden mit Kindern verbreitet ist, an Studienabbruch zu denken. Suggestivfragen sind häufig mit einzelnen Wörtern verbunden, die das selbstverständliche Zutreffen des nachgefragten Inhalts signalisieren, wie folgende Beispiele zeigen:

Suggestiv: „Sicher haben Sie als Mutter/Vater schon einmal daran gedacht, das Studium abzubrechen." „Wollten Sie nicht schon immer einmal, …?"

Schuler (2018, S. 204) bezeichnet im Kontext von Bewerbungsgesprächen zudem solche Fragen als suggestiv und diagnostisch wertlos, deren Antworten vorherzusehen sind. Was wird eine Bewerberin oder ein Bewerber auf Fragen wie „Sind Sie teamfähig?" oder „Mögen Sie Aufgaben, die Ihre Kreativität fördern?" wohl antworten?

In einem zusammenfassenden Statement nennt Schuler neben den bereits genannten Aspekten zwei weitere, eher ethische Prinzipien, die bei der Formulierung von Interviewfragen beachtet werden sollten:

Für alle Fragen gilt selbstverständlich, dass sie verständlich, klar, nicht zu lang, dem Sprachniveau der/des Empfangenden entsprechend und sozial akzeptabel sowie in der Sache relevant sein sollten (Schuler 2018, S. 202).

Sozial akzeptabel und zulässig sind in Bewerbungsgesprächen beispielsweise nur Fragen, die mit der Ausübung des Berufes zu tun haben und in diesem Kontext relevant sind. Unzulässig im Sinne des Allgemeinen Gleichstellungsgesetzes sind beispielsweise Fragen nach Schwangerschaft, Familienplanung und Krankheiten, die in keiner Verbindung zur Ausübung des Berufes stehen.

4.2 Typen von Fragen

Im Folgenden werden verschiedene Typen von Fragen vorgestellt und erläutert (Abb. 4.1). Fragentypen lassen sich nach den Funktionen, die sie in einem Interview erfüllen, zwei Kategorien zuordnen: den funktionalen und den formalen Fragen. Wir orientieren uns mit dieser Unterscheidung an einer entsprechenden Darstellung bei Fisseni (2004, S. 146), erweitern aber die innerhalb der Kategorien diskutierten Fragentypen z. B. um die COLOMBO-Technik.

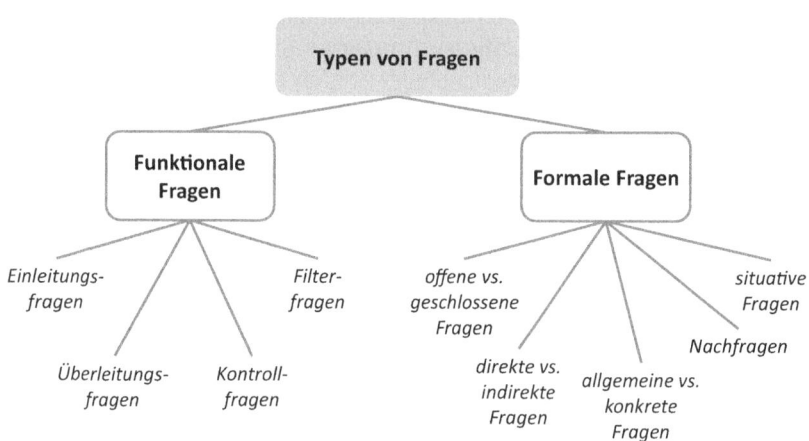

Abb. 4.1 Typen von Fragen

4.2.1 Funktionale Fragen

Funktionale Fragen sollen nach Fisseni (2004) „größere Einheiten des Gesprächs steuern [...] [sowie] Gelenk- und Schaltaufgaben [übernehmen]" (S. 146). Neben den drei Arten von funktionalen Fragen, die Fisseni (2004) vorstellt – Einleitungsfragen, Überleitungsfragen, Kontrollfragen – fallen auch Filterfragen in diese Kategorie.

Vor dem eigentlichen Interview können im Rahmen der Begrüßung einer Probandin/eines Probanden einige unverfängliche *Einleitungsfragen* gestellt werden, wie sie auch beim Smalltalk in einem Alltagsgespräch verwendet werden, um in Kontakt zu kommen und eine angenehme Stimmung zu etablieren. Solche Fragen können sich z. B. auf die Anfahrt zum Ort des Interviews beziehen: „Haben Sie gleich hergefunden?" „Gab es wieder Stau auf der Autobahn?" „Hat Ihre Zugverbindung geklappt?" „Mussten Sie lange nach einem Parkplatz suchen?" Solche Kontakt- und Einleitungsfragen sollen helfen, „das Eis zu brechen" und der oder dem Befragten ermöglichen, sich mit der neuen Situation vertraut zu machen. Es empfiehlt sich zwar, nicht gleich mit der Tür ins Haus zu fallen und zunächst etwas Smalltalk zu führen; andererseits sollte man es aber auch nicht übertreiben und zu viele Kontakt- und Einleitungsfragen stellen. Man kann in der Regel davon ausgehen, dass sich eine Gesprächspartnerin oder ein Gesprächspartner auf das Thema des Interviews eingestellt hat und auch entsprechende Fragen erwartet; zudem mag es Interviewpartner_innen geben, die lieber gleich zur Sache kommen wollen und denen ein allzu ausgedehnter Smalltalk eher unangenehm ist. Die Fragen, die beim Smalltalk gestellt werden, müssen sich zudem für die Interviewerin oder den Interviewer „gut anfühlen", d. h. zu ihr oder ihm passen und authentisch zum Ausdruck gebracht werden können. In einem Bewerbungsinterview können sich solche Einleitungsfragen durchaus auch auf eine Gemeinsamkeit, die Sie mit der oder dem Bewerbenden haben und in den Bewerbungsunterlagen gelesen haben beziehen, wie z. B. gemeinsamer Heimatort, Hobby, Studium an der gleichen Universität etc.

Ein Interview ist in der Regel in thematische Blöcke gegliedert, die unterschiedliche Aspekte eines Interviewgegenstands betreffen (vgl. Abschn. 4.3). Zur Einleitung eines neuen thematischen Blocks ist es günstig, das bisherige Thema kurz zusammenzufassen und dann durch einige Erläuterungen zum nächsten Thema überzuleiten *(Überleitungsfragen)*. Das nachfolgende Beispiel stammt aus einem Interview zum Thema Redeängstlichkeit:

Sie haben jetzt ausführlich geschildert, wie es Ihnen bisher ergangen ist, wenn Sie ein vorbereitetes Referat halten mussten. Wie ergeht es Ihnen eigentlich in einem Seminar oder auch in Gruppen mit mehreren Leuten, wenn Sie spontan etwas sagen möchten, z. B. eine Frage stellen oder Ihre Meinung zu einem Thema äußern?

Überleitungsfragen können auch eingesetzt werden, um eine oder einen allzu redefreudigen Interviewpartner_in zu bremsen, insbesondere wenn sich der Redefluss inhaltlich vom eigentlichen Thema des Interviews entfernt.

Um sicherzustellen, dass die Antworten der/des zu Interviewenden auch wirklich verstanden wurden, können sogenannte *Kontrollfragen* gestellt werden. Kontrollfragen lassen sich am Ende eines thematischen Abschnitts in Zusammenfassungen einbetten, die von Interviewenden gegeben werden, um das Verständnis des bisher Gesagten zu überprüfen:

So, jetzt haben Sie mir Ihre familiäre Situation geschildert; ich werde noch mal zusammenfassen, was Sie gesagt haben. Wenn ich etwas anders verstanden habe, als Sie es gemeint haben, dann korrigieren Sie mich bitte. Vielleicht fällt Ihnen auch noch etwas ein, was Sie bisher noch nicht gesagt haben und nun ergänzen möchten.

Durch Kontrollfragen und Zusammenfassungen findet auch ein Rollenwechsel statt: die/der Interviewte kann sich kurz zurücklehnen und zuhören bzw. das Paraphrasierte ergänzen. Kontrollfragen können auch eingesetzt werden, um Unklarheiten zu beseitigen und auf Widersprüche hinzuweisen. Allerdings ist dabei Vorsicht und Fingerspitzengefühl geboten, um eine konstruktive Arbeitsbeziehung aufrechtzuerhalten. Auf keinen Fall sollte bei einem „normalen" Interview bei Befragten der Eindruck entstehen, sie befänden sich jetzt in einem Verhör. Ein Meister der Kontrollfrage ist Inspektor Columbo aus der gleichnamigen Krimi-Serie aus den 1970er Jahren. Er versteht es, hartnäckig, aber ohne bedrohlich zu wirken, Unklarheiten anzusprechen, indem er sich absichtlich „dumm stellt". Eine typische Einleitung für eine wenig bedrohliche Kontrollfrage im Sinne von Inspektor Columbo lautet, z. B.: „Das habe ich jetzt noch nicht ganz verstanden, …" oder: „Mir ist jetzt noch unklar, wie …". Die COLUMBO-Haltung[1] besteht

---

[1]Die COLUMBO-Haltung ist keineswegs zu verwechseln mit der im NLP (Neuro-Linguistisches Programmieren) eingesetzten Columbo-Strategie des sich zerstreut gebens, um aus dem Vorspielen dieser Fassade an Informationen zu gelangen. Auch die als Verkaufsstrategie angepriesene Columbo-Technik ist etwas anderes als die hier empfohlene COLUMBO-Haltung.

darin, sich absichtlich dumm zu stellen oder anders ausgedrückt, nicht anzunehmen, dass man alles, was die/der Interviewte gesagt hat bereits verstanden hat. Es lohnt sich, die COLUMBO-Haltung in einem Interview einzunehmen, um möglichst viele und v. a. valide Informationen zu erhalten. Dabei sollte immer auch bedacht werden, dass das Interview eine Form der indirekten Verhaltensbeobachtung darstellt.

Besonders in standardisierten Interviews sind manchmal Verzweigungen eingebaut, die die Befragung in Abhängigkeit von den Antworten der Gesprächsbeteiligten zu verschiedenen weiteren Frageteilen leiten. Von den Antworten auf solche *Filterfragen* hängt es also ab, welche weiteren Fragen gestellt werden. Ein Beispiel dafür sind standardisierte Interviews, die in der Klinischen Psychologie zur Diagnose psychischer Störungen verwendet werden. Wenn eine Klientin oder ein Klient Eingangsfragen nach bestimmten Symptomen, z. B. für eine Angststörung bejaht, dann werden weitere Fragen zur Differentialdiagnose gestellt, um abklären zu können, welche Art von Angststörung genau vorliegt. Wenn die Eingangsfragen zur Angststörung verneint werden, folgen Fragen zu Symptomen einer anderen Störungsgruppe. In den Leitfäden der standardisierten Interviews sind sogenannte „Sprungregeln" eingebaut, die die/den Interviewende_n zu den jeweils relevanten Frageblöcken leiten, die im Anschluss auf eine bestimmte Antwort bzw. ein Antwortmuster gestellt werden müssen.

4.2.2 Formale Fragen

Während funktionale Fragen die Übergänge zwischen einzelnen Interviewteilen regeln sollen, zielen formale Fragen darauf ab, der Interviewpartnerin/dem Interviewpartner zu signalisieren, in welcher Form sie bzw. er etwas darstellen soll. Unter formalen Fragen unterscheidet man offene vs. geschlossene Fragen, direkte vs. indirekte Fragen, allgemeine vs. konkrete Fragen, Nachfragen sowie situative Fragen.

Die Unterscheidung zwischen *offenen und geschlossenen Fragen* bezieht sich auf die mehr oder weniger explizite Vorgabe der Antwortform. „Ein Frage ist umso offener, je weniger durch sie die Art zu antworten festgelegt wird" (Westhoff und Kluck 2014, S. 99). Offene Fragen bzw. Erzählaufforderungen eignen sich besonders (vgl. Seidenstücker 1976), ...

- wenn ein neues Thema eröffnet wird
- zur Unterstützung der ausführlicheren Behandlung eines Themas
- um konkrete Beispiele anzuregen.

Geschlossene Fragen hingegen können gestellt werden, ...

- um im Anschluss an offene Fragen Details zu klären
- bei gehemmten Personen, die lange Pausen nach offenen Fragen zeigen
- bei Befragten, die dazu neigen vom Thema abzuschweifen (insbesondere Selektionsfragen, um sich Klarheit zu verschaffen).

So kann in standardisierten Interviews explizit von befragten Personen verlangt werden, auf bestimmte Fragen nur mit ja oder nein zu antworten oder quantitative Angaben zu machen. Seidenstücker (1976, S. 141) unterscheidet folgende Formen von geschlossenen Fragen:

- Identifikationsfragen (Wer, Wo, Was, Wie viele ...)
- Selektionsfragen (es werden explizit zwei oder mehrere Antwortalternativen angeboten, z. B. „Studieren Sie Psychologie, Soziologie oder Philosophie?")
- Ja-Nein-Fragen

Die Form der Antwort muss bei bestimmten geschlossenen Fragen nicht explizit vorgegeben werden. Bei den Fragen „Wie alt sind Sie?", „Wie viele Semester studieren Sie schon?" oder „Wie viele Kinder haben Sie?" ist es hinreichend klar, dass die jeweiligen Antworten aus der Angabe einer Zahl bestehen sollen. Ebenso sind auf Fragen wie „Studieren Sie Psychologie?", „Haben Sie schon einmal in Italien Urlaub gemacht?" oder „Haben Sie schon einmal wegen Ihrer Kinder eine Vorlesung nicht besuchen können?" „Ja" oder „Nein" als Antworten zu erwarten. Offene Varianten der zuletzt formulierten geschlossenen Fragen wären: „Erzählen Sie mir etwas von Ihrem Studium!", „Was machen Sie in Ihrer Urlaubszeit?" und „Wie schaffen Sie es, Studium und Kind unter einen Hut zu bringen?".

Bei der offenen Formulierung „Erzählen Sie mir etwas von Ihrem Studium!" handelt es sich nicht um eine Frage, sondern um eine Aufforderung, die als erste Frage eines Interviews ziemlich abrupt erscheinen würde. Da offene Fragen gerade zu Beginn eines neuen Interviewabschnitts verwendet werden sollen, empfiehlt es sich, einleitende Sätze oder Schilderungen zu verwenden. Ziel solcher einleitenden Sätze ist es, die Interviewpartnerin oder den Interviewpartner auf die offene Erzählaufforderung bzw. Frage vorzubereiten. Halbstrukturierte und erst recht unstandardisierte Interviews sind kein Frage- und Antwortspiel. Deshalb empfiehlt es sich, insbesondere zu Beginn thematisch neuer Abschnitte einleitende Feststellungen oder Kontextbeschreibungen vor einer dann zumeist offenen Frage zu formulieren. Die interviewende Person stellt also nicht nur Fragen, sondern leitet bestimmte Fragen durch geeignete Schilderungen und

4.2 Typen von Fragen

Begründungen zum Kontext ein. Als Beispiel sei die erste offene Erzählaufforderung zitiert, die im Interview zum Thema Redeängstlichkeit verwendet wurde:

Jeder Mensch kommt irgendwann in Situationen, in denen sie oder er vor einer Gruppe von Leuten etwas sagen will oder vortragen soll. Man spricht also vor einem Publikum und damit öffentlich. Erinnere Dich bitte an Deine bisherigen Erfahrungen mit öffentlichen Redesituationen und erzähle mir etwas darüber, wie es Dir bislang damit erging.

Solche einleitenden Worte dienen dazu, bestimmte Gedächtnisinhalte des Gegenübers zu aktivieren. Bei bestimmten Themen kann es auch sinnvoll sein, in der Einleitung verschiedene Sinneskanäle anzusprechen. Das folgende Beispiel stammt aus einem Interview-Leitfaden zum Thema „Weihnachten", welchen eine Seminargruppe entwickelt hat. Die Interviews wurden in der Vorweihnachtszeit durchgeführt; die Einleitung ist ein gutes Beispiel dafür, wie man an (aktuelle) Erfahrungen der zu interviewenden Person anknüpfen kann:

Auf dem Weg hierher sind Sie möglicherweise an einigen Schaufenstern mit Weihnachtsdekoration vorbeigekommen; vielleicht ist Ihnen aber auch die Weihnachtsbeleuchtung, der Duft von Glühwein oder heißen Maronen aufgefallen ... Überall kündigt sich das bevorstehende Weihnachtsfest an. Meine erste Frage ist nun, wie Ihr Weihnachtsfest dieses Jahr ablaufen wird.

Nach Westhoff und Kluck (2014, S. 100) sind Fragen umso *direkter*, je leichter die oder der Interviewte erkennen kann, worauf eine Frage abzielt. *Indirekte Fragen* drücken dagegen weniger klar aus, welche Aspekte eines Themas genau interessieren. Direkte Fragen sind nicht unbedingt geschlossene Fragen, während es sich bei indirekten Fragen (fast) immer um offene Fragen handelt. Indirekte Fragen sollen nach Westhoff und Kluck (2014) aus zwei Gründen gestellt werden: Erstens kann es sein, dass eine Interviewte bzw. ein Interviewer auf bestimmte Gedächtnisinhalte keinen unmittelbaren Zugriff hat. Indirekte Fragen ermöglichen es der Probandin bzw. dem Probanden, frei zu erzählen, wodurch der Zugang zu anfangs versperrten Gedächtnisinhalten erleichtert werden kann. Eine zweite „Indikation" für indirekte Fragen sind heikle, intime oder belastende Themen, von denen ungewiss ist, wie detailliert sich eine Interviewpartnerin bzw. ein Interviewpartner dazu äußern möchte. Anstelle der direkten, möglicherweise belastenden Erzählaufforderung: „Erzählen Sie mir von Ihren bisherigen Misserfolgen im Studium!", ist: „Erzählen Sie mir von Ihrem Studium!" ein indirekte, weniger bedrohliche Variante.

Allgemeine Fragen geben lediglich ein Thema vor; die befragte Person wird aber nicht explizit gebeten, konkrete situative, erlebens- oder verhaltensbezogene Details zu schildern. Allgemeine Fragen können sowohl offen als auch geschlossen sein. Beispiele für eine allgemeine Frage sind: „Erzählen Sie mir von Ihrem Studium!" oder „Haben Sie studiert?". *Konkrete Fragen* dagegen beziehen sich auf konkrete Erlebens- und Verhaltensweisen und können zusätzlich situative Bedingungen spezifizieren. Insbesondere in der Entscheidungsorientierten Gesprächsführung (Westhoff und Kluck 2014) gilt die Verhaltensorientierung als ein zentrales Merkmal günstiger Fragen. Auch konkrete Fragen können im offenen und geschlossenen Format gestellt werden. Beispiele für konkrete Fragen sind:

- *Schildern Sie mir bitte möglichst ausführlich, was Sie machen, um sich auf Klausuren vorzubereiten!* (offene Frage)
- *Schildern Sie mir bitte möglichst ausführlich, wie Sie sich auf die letzte Klausur im Modul Psychologische Diagnostik vorbereitet haben. Was genau haben Sie gemacht?* (offene Frage)
- *Haben Sie eine halbe Stunde vor der Klausur noch einmal Ihre Lernskripte durchgesehen?* (geschlossene Frage)
- *Was tun Sie, wenn Sie in einem Lehrbuch etwas nicht verstanden haben?* (offene Frage)
- *Beschreiben Sie bitte, wo und unter welchen Bedingungen Sie Lehrbücher durcharbeiten.* (offene Frage)

Ein neues Thema in einem Interview kann zunächst mit allgemeinen Fragen beginnen und dann zu immer konkreteren Fragen übergehen (sogenannte sequenzielle Fragetechnik, vgl. Schuler 2018, S. 207). Konkrete Fragen werden in diesem Kontext dann häufig als *Nachfragen* verwendet, um vage, zu abstrakte oder implizite Äußerungen der/des Interviewten zu spezifizieren (vgl. Seidenstücker 1976, S. 157 f.). Beispiele für Nachfragen sind:

- *Wie meinen Sie das?*
- *Erzählen Sie mehr darüber!*
- *Wie oft kommt das vor?*
- *Was war das Ergebnis?*
- *Können Sie mir dafür ein Beispiel geben?*
- *Was haben Sie gemacht, als Sie das erfahren haben?*
- *Welche psychologische Teildisziplin interessiert Sie am meisten?*

Nachfragen ähneln den oben angeführten Kontrollfragen. Während Kontrollfragen eher darauf abzielen, sicherzustellen, dass man die Aussagen der/des Interviewten richtig verstanden hat, geht es bei Nachfragen um mehr und genauere Informationen. Letztere können auch resultieren, wenn man eine Kontrollfrage stellt, weshalb die Übergänge zwischen den beiden Fragentypen fließend sind.

In konkreten Anwendungsfeldern finden sich neben den referierten Fragentypen weitere spezielle Techniken, die mit den jeweiligen Zielsetzungen der Interview-Methode zusammenhängen. So diskutiert Schuler (2018, S. 206 f.) spezielle Frageformulierungen zur Analyse von Schwächen einer Bewerberin bzw. eines Bewerbers in einem Einstellungsinterview (z. B. eher nach Verbesserungsmöglichkeiten statt explizit nach Schwächen fragen). Zudem sind in Einstellungsinterviews häufig sogenannte *situative Fragen* enthalten. Dabei wird der Bewerberin bzw. dem Bewerber eine zumeist kritische Arbeitssituation (z. B. Probleme mit einem Mitarbeiter; negatives Feedback zu einer Arbeitsaufgabe) konkret geschildert, in die sie bzw. er sich hineinversetzen soll. Die Bewerberin oder der Bewerber wird dann gefragt, wie sie/er sich in der vorgestellten Situation verhalten würde. Bei dieser Fragetechnik handelt es sich also um eine hypothetische Arbeitsprobe oder eine „mentale Tätigkeitssimulation" (Schuler 2018, S. 209 f.).

4.3 Hinweise zum Aufbau des Interviewleitfadens

Im letzten Abschnitt wurde angesprochen, dass verschiedene Fragentypen unterschiedliche Funktionen in einem Interview einnehmen und entsprechend auch in einem Interviewleitfaden angeordnet werden sollten. Die Abfolge von Fragen zu verschiedenen Themen in einem Interviewleitfaden wird in diesem Abschnitt weiter systematisiert.

Jedes Interview folgt einer Dramaturgie, die sich mit Hilfe der Fragen und deren Platzierung beeinflussen lässt. Grundsätzlich sollte ein Interview so aufgebaut sein, dass die Motivation und Aufmerksamkeit der interviewten Person über alle Phasen aufrechterhalten bleiben. Nach Seidenstücker (1976) ist die Spannungskurve der Aufmerksamkeit im mittleren Drittel des Gesprächs am höchsten; daher sollten in diesem Gesprächsabschnitt besonders wichtige Fragen gestellt werden. Ein Interview sollte in der Regel nicht länger als 90 min dauern. Eine Interviewdauer zwischen 30 und 60 min ist je nach Zielgruppe (bei Kindern und älteren Menschen eher noch kürzer) ein angemessener Richtwert.

Die folgenden Ausführungen umfassen neben dem eigentlichen Hauptteil des Interviews auch Hinweise zur Eröffnung und zum Abschluss eines Interviews, die vielleicht trivial oder selbstverständlich erscheinen. Die empfohlenen, scheinbar selbstverständlichen Elemente sollten aber dennoch in einem Interviewleitfaden enthalten sein, da sie angesichts der komplexen Anforderungen, die mit einem Interview verbunden sind, leicht vergessen werden können.

4.3.1 Eröffnung des Interviews

Jedes Interview beginnt mit einer *Eröffnung*. Wie oben bereits erwähnt, empfiehlt es sich zunächst einige *Einstiegsfragen* zu stellen (Anfahrt, Parkplätze etc.), um die ersten Momente durch Smalltalk möglichst angenehm zu gestalten. Nach dieser kurzen Aufwärmphase folgt eine Einführung zum Interview, in der der bzw. dem Befragten folgende Informationen vermittelt werden sollen, die sie/er z. T. auch schon vor dem eigentlichen Interviewtermin erhalten haben sollte (z. B. voraussichtliche Dauer des Interviews):

- *Gegenstand und Ziele des Interviews:* Sagen Sie Ihrer Interviewpartnerin/Ihrem Interviewpartner, worum es in dem Interview gehen wird und welche Ziele Sie damit verfolgen, auch wenn diese Aspekte bereits im Vorfeld bekannt gegeben wurden.
- *Ablauf des Interviews:* Wenn das Interview mehrere thematische Blöcke und damit eine Gliederung umfasst, dann teilen Sie der/dem Interviewten mit, welche Teilaspekte des Themas nacheinander angesprochen werden.
- *Zeitlicher Rahmen:* Sagen Sie Ihrem Gegenüber, wie lange das Gespräch ungefähr dauern wird. Eine exakte Zeitangabe ist zwar nicht möglich, da die Interviewlänge auch von den Antworten der Gesprächspartnerin bzw. des Gesprächspartners insbesondere auf offene Fragen abhängt, jedoch sollten aufgrund von Probeinterviews Erfahrungswerte vorliegen, mit welcher Interviewlänge ungefähr zu rechnen ist.
- *Einverständnis zur Video- oder Tonaufzeichnung:* Wenn Sie Video- oder Audioaufnahmen machen möchten, müssen Sie dafür das Einverständnis der/des Interviewten einholen. Erfahrungsgemäß haben Interviewteilnehmer_innen bei Audioaufzeichnungen geringere Bedenken als bei Videoaufnahmen. Erklären Sie Ihrer Gesprächspartnerin bzw. Ihrem Gesprächspartner, warum es für Sie wichtig ist, eine Video- bzw. Audioaufzeichnung zu machen, indem Sie z. B. darauf hinweisen, dass Sie das Interview durch die Aufzeichnung besser nachbereiten und auswerten können und sich während des Interviews besser

auf die Fragen konzentrieren können, wenn Sie Antworten nicht zugleich protokollieren müssen.
- *Zusicherung von Anonymität:* Bei Forschungsinterviews, aber auch bei Interviews in angewandt-psychologischen Kontexten, gilt es rechtliche und ethische Rahmenbedingungen (siehe Abschn. 5.4) zu beachten. Sie sollten der/dem Interviewten auch mitteilen, wer die Audioaufzeichnungen hören und weiterverarbeiten wird.
- *Etwaige Fragen der Probandin/des Probanden klären:* Am Ende der Einführung sollten Sie klären, ob Ihre Interviewpartnerin bzw. Ihr Interviewpartner noch Fragen zum anstehenden Interview hat.

Ein Beispiel für die Einführung eines Interviews soll die genannten Anforderungen nochmals veranschaulichen:

Vielen Dank, dass du dir die Zeit genommen hast, mit mir ein Interview durchzuführen. Wie du (vielleicht) weißt, schreibe ich eine Masterarbeit über die Situation von Studierenden mit Kind/ern und denke, dass du, als Betroffene_r, mir viel dazu sagen kannst. Hauptsächlich will ich herausfinden, wie deine Lebenssituation ganz allgemein ist und wie du es schaffst Studium und Kind „unter einen Hut" zu bringen. Unser Interview wird voraussichtlich eine Stunde dauern. Ich werde das Interview auf Tonband aufnehmen, damit ich während des Gesprächs keine Notizen machen muss und nichts vergesse. Bist Du damit einverstanden? Selbstverständlich wird alles was du mir erzählst vertraulich behandelt und erscheint in meiner Masterarbeit nur in anonymisierter Form.
Hast du noch irgendwelche Fragen? ... O.K., dann fangen wir an.

Wie im zweiten Kapitel bereits betont, zielt die Eröffnung eines Interviews darauf ab, die Situation und die Anforderungen für die oder den Befragten möglichst transparent zu gestalten. Dadurch soll eine vertrauensvolle Basis geschaffen und vermieden werden, dass sich die befragte Person eine eigene Definition der Situation und Ihrer Absichten als Interviewer_in konstruiert und entsprechend handelt, z. B. überangepasst oder unkooperativ und destruktiv. Dyer (2006, S. 40) empfiehlt zudem in der Eingangsphase eines Interviews *Fragen zu soziodemographischen Merkmalen* der/des Befragten zu stellen, falls diese Informationen noch nicht vorliegen. Einerseits sind solche Fragen für die Probandin/den Probanden leicht zu beantworten, andererseits besteht die Gefahr, dass sich ein ungünstiges Frage-Antwortmuster etabliert: Antworten auf soziodemografische Fragen sind in der Regel kurz und knapp. Wenn nach mehreren soziodemografischen Fragen dann die erste offene Frage gestellt wird, zu der/die Proband_in möglichst ausführlich Stellung nehmen soll, kann es sein, dass die zuvor gegebenen kurzen Antworten die erwünschte Ausführlichkeit hemmen. Deshalb

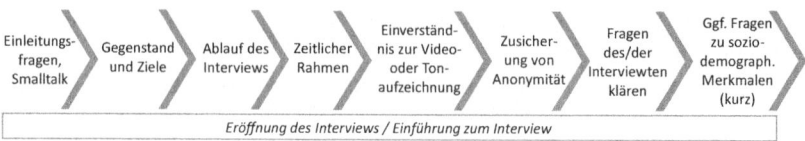

Abb. 4.2 Zusammenfassung zur Eröffnung des Interviews

sollten, wenn überhaupt notwendig, nicht allzu viele Fragen zu soziodemografischen Merkmalen gestellt werden, damit sich kein kurzer Antwortstil bei der Probandin bzw. beim Probanden etablieren kann. Abb. 4.2 fasst die Eröffnung der Interviews nochmals zusammen.

4.3.2 Hauptteil des Interviews

Die *Einstiegsfragen* zum ersten Themenblock sollten leicht beantwortet werden können und vorzugsweise offen gestellt sein. Die Interviewpartner_innen sollen durch die offenen Fragen stimuliert werden möglichst viel zu erzählen. Eventuell ist es hilfreich, zu einer offenen Einstiegsfrage, die zumeist durch einleitende Sätze eingeführt wird, *Assoziationshilfen* bereit zu halten, die dem Gegenüber helfen, sich an relevante Erfahrungen zu erinnern. Eine Assoziationshilfe zu der offenen Einstiegsfrage nach den bisherigen Erfahrungen mit öffentlichen Redesituationen (siehe das Beispiel zur offenen Frage im Abschn. 4.2.2) könnte z. B. lauten: „Solche offenen Redesituationen kommen z. B. häufig in der Schule und im Studium vor."

Allgemeine Fragen zu einem Thema sollten vor konkreteren Fragen und Nachfragen gestellt werden. Bereits gestellte und beantwortete Fragen können auf weitere Fragen ausstrahlen, besonders wenn dabei Themen angesprochen wurden, die für den/die Interviewpartner_in emotional belastend oder auch besonders erfreulich sind. Deshalb kann es sinnvoll sein, nach einer potenziell belastenden Interviewfrage zunächst eine unverfängliche *„Ablenkungs- oder Pufferfrage"* zu stellen, die die Probandin/den Probanden „auf andere Gedanken bringt" und die möglicherweise aufgetretenen emotionalen Wogen glättet. Heikle Fragen zu belastenden Themen sollten erst im letzten Drittel des Interviews gestellt werden, da man zu diesem Zeitpunkt am ehesten davon ausgehen kann, dass sich der/die Interviewpartner_in an die Befragungssituation gewöhnt hat und im besten Fall auch ein guter Rapport zwischen dem bzw. der Interviewer_in und der bzw. dem Interviewten hergestellt ist. Eine solche heikle Frage zum Thema öffentliches Reden könnte sich z. B. auf die bisher schlimmste öffentliche Redeerfahrung

4.3 Hinweise zum Aufbau des Interviewleitfadens

einer redeängstlichen Probandin bzw. eines redeängstlichen Probanden beziehen. An belastende Themen sollten sich Fragen anschließen, in denen die Stärken und Ressourcen der interviewten Person exploriert werden, z. B. Fragen nach der bisher gelungensten öffentlichen Redeerfahrung oder nach Ausnahmen, also Situationen in denen ein Proband bzw. eine Probandin weniger redeängstlich war. Solche Fragen zu den Stärken und Ressourcen der/des Interviewten sollten nach belastenden Themen insbesondere am Ende des Interview-Hauptteils gestellt werden, um die Person (wieder) in eine positive Stimmung zu bringen.

Im Abschn. 4.2.1 wurde bereits auf *Überleitungsfragen* und Überleitungsabschnitte eingegangen und ein Beispiel gegeben. Am Ende eines thematischen Blocks ist es sehr empfehlenswert, dass die interviewende Person die bisherigen Antworten der interviewten Person noch einmal in ihren eigenen Worten zusammenfasst, den/die Interviewpartner_in um Korrekturen und Ergänzungen bittet und dann erst zum nächsten Themenblock überleitet. Eine derartige *Zusammenfassung,* die auf Seiten der interviewenden Person aufmerksames Zuhören, eventuell Notizen und kognitive Kompetenzen erfordert, hat mehrere Vorteile:

- Es findet ein vorübergehender Rollenwechsel statt, in dem die Interviewte kurzzeitig die Rolle der Antwortenden verlässt und nun ihrerseits zur Zuhörerin und Beurteilerin wird, was eine gewisse Abwechslung und eventuell auch Entlastung für die zu interviewende Person bedeutet. Dasselbe gilt für männliche Interviewte.
- Die Interviewerin kann prüfen, ob sie wirklich alles richtig verstanden hat und der Interviewpartnerin wird der Wunsch der Interviewenden, sie richtig zu verstehen, sozusagen vorgeführt. Selbiges gilt für Interviewer und männliche Interviewte. Da die interviewende Person die Antworten des Gegenübers niemals wortwörtlich wiederholen wird, erhält die interviewte Person eine Zusammenfassung ihrer Antworten in anderen Worten, deren Zutreffen sie prüfen und korrigieren kann.
- Erfahrungsgemäß fallen einer interviewten Person manchmal noch zusätzliche Aspekte eines Themas ein, wenn sie eine Zusammenfassung hört. Solche zusätzlichen Aspekte können wertvolle Informationen beinhalten, die ohne die Zusammenfassung vielleicht nicht erfasst worden wären.
- Die Zusammenfassung stellt auch eine Form der Wertschätzung der bzw. des Interviewten dar, da der bzw. die Interviewer_in ihr bzw. ihm zugehört hat und die gemachten Aussagen wertschätzt und ernst nimmt. In der Zusammenfassung kann die Interviewerin bzw. der Interviewer außerdem Beziehungen zwischen den gemachten Aussagen herstellen und damit auch bei der interviewten Person neue Erkenntnisse bewirken, die dieser vielleicht so noch nicht bewusst waren. Insbesondere im Coaching spielt dieser Aspekt der Zusammenfassung eine wichtige Rolle.

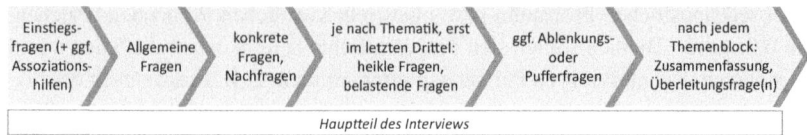

Abb. 4.3 Zusammenfassung zum Hauptteil des Interviews

Beispiel für die Einleitung zu einer Zusammenfassung:

So, jetzt hast du mir deine familiäre Situation geschildert, ich werde noch mal zusammenfassen, was du gesagt hast. Wenn ich etwas anders verstanden habe, als du es gemeint hast, dann kannst du mich selbstverständlich korrigieren. Vielleicht fällt dir auch noch etwas ein, was du bislang noch nicht gesagt hast und nun ergänzen möchtest.

Abb. 4.3 fasst den Hauptteil des Interviews nochmals prozesshaft zusammen.

4.3.3 Abschluss des Interviews

Der *Abschluss* des Interviews kann folgende Elemente umfassen, die auch im Interviewleitfaden vermerkt sein sollten:

- *Dank an die/den Interviewpartner_in:* Gerade in Forschungsinterviews, aber auch bei Interviews zu angewandt-psychologischen Fragestellungen sollten Sie sich am Ende für das gemeinsame Gespräch bedanken. Interviews zu Forschungsfragestellungen werden von den Gesprächspartnerinnen und -partnern zumeist freiwillig absolviert und können von ihnen als anstrengend empfunden werden; es ist deshalb mehr als angemessen, wenn Sie sich am Ende des Interviews für die freiwillig aufgewendete Zeit und Auskunftsbereitschaft bedanken. Bringen Sie außerdem Ihre Wertschätzung gegenüber den vielen wichtigen Informationen zum Ausdruck, die die Probandin/der Proband Ihnen geliefert hat. Auch wenn nicht jede einzelne Information gleichermaßen wichtig und bedeutsam ist, wird es doch in jedem Interview Anteile geben, die zur Klärung Ihrer Forschungsfrage beitragen und eine derartige Wertschätzung rechtfertigen.
- *Gegebenenfalls die aktuelle Stimmung der Interviewpartnerin/des Interviewpartners abklären:* Bei Interviews zu potenziell belastenden Themen ist es wichtig, dass Sie am Ende die aktuelle Stimmung der Interviewpartnerin oder des Interviewpartners abklären, insbesondere wenn während des Interviews

4.3 Hinweise zum Aufbau des Interviewleitfadens

deutlich wurde, dass der Probandin/dem Probanden das Reden über bestimmte Themen schwergefallen ist. Das Ansprechen der emotionalen Gestimmtheit einer interviewten Person verlangt von der interviewenden Person Fingerspitzengefühl und kann Meta-Kommunikation erfordern (vgl. nächster Abschnitt, z. B. „Ich habe den Eindruck, dass unser Gespräch an einigen Stellen belastend für Sie war. Möchten Sie darüber sprechen? Wie geht es Ihnen jetzt am Ende des Interviews?").

- *Weitere Fragen der Interviewpartnerin/des Interviewpartners beantworten:* Zum Abschluss eines Interviews sollte der/die Gesprächspartner_in noch einmal Gelegenheit erhalten, ihrer- bzw. seinerseits Fragen zu stellen, die im Verlauf des Interviews aufgetreten sein können.
- *Weiteres Vorgehen und Kontaktmöglichkeiten erläutern:* Bei Interviews in bestimmten Kontexten (z. B. Einstellungsinterviews, aber auch Forschungsinterviews oder klinische Erstinterviews) wird der Probandin/dem Probanden das weitere Vorgehen erläutert (z. B. wann erfolgt eine Rückmeldung über die zu besetzende Stelle bzw. die Ergebnisse des Forschungsprojekts). Außerdem werden Kontaktmöglichkeiten für etwaige Nachfragen genannt.
- *Smalltalk:* Wie zu Beginn ist es auch zum Abschluss des Interviews sinnvoll, noch einmal zum Smalltalk überzugehen und damit von der strukturierten Interview-Situation in ein Alltagsgespräch zu wechseln. Dabei können wieder einige unverfängliche Fragen gestellt werden, die man sich vorher zurechtgelegt hat und die auch im Interviewleitfaden aufgelistet sind. Je nach Interviewkontext kann man z. B. fragen, ob der Gesprächspartner gleich wieder nach Hause fährt oder sich noch die Stadt ansieht. Auch Fragen die ganz unverfänglich auf Informationen bezogen sind, die der Proband Ihnen im Interview oder davor mitgeteilt hat eignen sich, um den Smalltalk natürlich zu gestalten und wiederum zu zeigen, dass Sie aufmerksam zugehört haben. Beispielsweise erzählte die interviewte Person, dass sie auf der Hinfahrt an einem besonderen Bauwerk vorbeigefahren ist: Fragen Sie nach, ob sie sich das jetzt noch genauer ansehen wird. Oder: Ihr Interviewpartner hat erzählt, dass er beim Spaziergang mit seinem Hund immer gute Ideen hat. Fragen Sie, ob er heute nochmal mit dem Hund rausgeht, wo das Wetter so schön ist. Selbiges gilt für Interviewpartnerinnen.
- *Verabschiedung:* Natürlich wird man am Ende eines Interviews „Tschüss" sagen. Eine erweiterte Variante dieser Standardverabschiedung ist, die Probandin bzw. den Probanden noch bis zur Tür des Gebäudes zu begleiten, um ganz besondere Wertschätzung auszudrücken. Insgesamt sollte der Abschluss des Interviews – und natürlich auch der gesamte Ablauf – so gestaltet werden, dass der/die Gesprächspartner_in sich wohl fühlt und erneut an einem ähnlichen Interview teilnehmen würde.

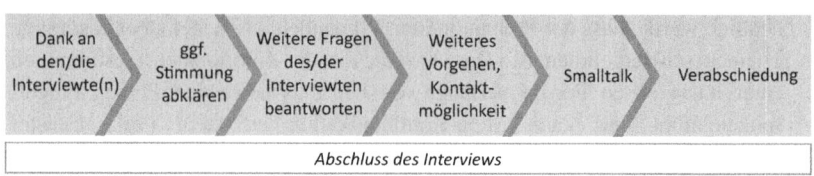

Abb. 4.4 Zusammenfassung zum Abschluss des Interviews

Abb. 4.4 fasst den Abschluss des Interviews als Prozess zusammen.

4.3.4 Zusammenfassung zum Aufbau des Interviews

Die Dramaturgie des Interviews umfasst drei Phasen – Eröffnung, Hauptteil, Abschluss – die wiederum einzelnen Schritten folgen. Abb. 4.5 fasst die Dramaturgie und den idealen Aufbau eines Interviewleitfadens nochmals im Überblick zusammen. Beispiele für Interviewleitfäden befinden sich in den Anhängen 2 und 3.

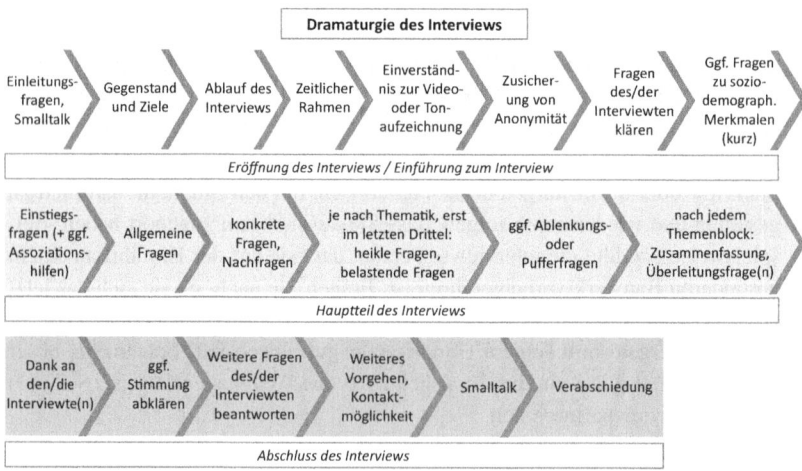

Abb. 4.5 Zusammenfassung zum Aufbau des Interviews

Planung und Durchführung von Interviews

5

Im dritten und vierten Kapitel wurde erläutert, wie Fragen formuliert sowie unterschiedliche Fragentypen genutzt und zu einem Gesprächsleitfaden kombiniert werden können. In diesem Kapitel gehen wir davon aus, dass bereits ein Interviewleitfaden vorliegt und nun Interviews geplant und durchgeführt werden können. Unter Planung und Durchführung von Interviews werden in den folgenden Abschnitten die Anwerbung und Einladung von Probanden_innen, die Schaffung möglichst günstiger Rahmenbedingungen für das Interview sowie Maßnahmen zur Gesprächsführung besprochen. Einige Hinweise und Empfehlungen sind bereits im Zusammenhang mit dem Aufbau des Interviewleitfadens gegeben worden und werden in diesem Kapitel vertieft und erweitert. Wir orientieren uns bei den folgenden Hinweisen insbesondere an einem Trainingsprogramm für klinische Interviews, das Ellen Seidenstücker (1976) entwickelt hat. Viele der darin enthaltenen Hinweise zur Planung und Durchführung gelten auch für die meisten nicht-klinischen Interviews. Außerdem werden Hinweise von Schuler (2018), dessen Lehrbuch sich auf Einstellungsinterviews bezieht, sowie Westhoff und Kluck (2014; S. 101 ff.), die das Konzept der Entscheidungsorientierten Gesprächsführung entwickelt haben (vgl. Kap. 3), berücksichtigt.

5.1 Anwerbung und Einladung von Interviewpartnerinnen und -partnern

Die Anwerbung und Einladung von Interviewpartnerinnen und Interviewpartnern unterscheidet sich, je nachdem in welchem Kontext und mit welchen Zielsetzungen das Interview durchgeführt werden soll. Während Interviews im Rahmen von Forschungsprojekten in der Regel ohne Konsequenzen für die befragten

Personen bleiben, geht es in Einstellungsinterviews bei einigen sich bewerbenden Personen mitunter um die existentielle Frage, für eine angemessene berufliche Position ausgewählt zu werden oder nicht. Die Freiwilligkeit, die besteht wenn eine Bewerberin bzw. ein Bewerber zu einem Einstellungsinterview antritt, unterscheidet sich fundamental vom Grad der der Freiwilligkeit einer Person, die an einem Forschungsinterview teilnimmt. Interviews haben je nach Anwendungskontext unterschiedliche Zielsetzungen, weshalb auch spezifische Bedingungen zur Planung und Durchführung gelten. Auf diese Bedingungen wird hier nicht differenziert eingegangen, jedoch ist auf entsprechende Quellen im dritten Kapitel hingewiesen worden. Worum soll es dann im Folgenden gehen? Wir werden einige Hinweise geben, die möglichst generellen Charakter haben, d. h. für unterschiedliche Interviewkontexte und -zielsetzungen relevant sind.

Für nahezu alle Interviews wird vorab telefonisch oder per E-Mail ein Termin vereinbart, wobei die Kontaktaufnahme sowohl von der interviewenden als auch von der interviewten Person ausgehen kann. Insbesondere bei einer telefonischen Kontaktaufnahme durch die/den Interviewenden im Rahmen von Forschungsfragestellungen ist zu beachten, dass es sich dabei um den allerersten Kontakt handelt. Dieser ist bekanntlich sehr wichtig und geht mit Ersteindrucksprozessen einher. Deshalb sollten Sie sich als Interviewer_in genau überlegen und auch niederschreiben, was Sie am Telefon sagen wollen und nicht nur einen, sondern mehrere Alternativtermine für das Interview anbieten. Letzteres gilt auch, wenn eine potenzielle Probandin bzw. ein potenzieller Proband den telefonischen Kontakt herstellt. Dies kann der Fall sein, wenn Sie z. B. einen Aushang an der Universität gemacht haben, um Probandinnen und Probanden für Ihre Studie zu akquirieren. Gerade für diesen Fall sollten Sie einen kurzen Leitfaden zur Hand haben, auf dem Sie die wichtigsten Informationen vermerkt haben, die angesprochen werden müssen. Selbstverständlich müssen auch hier mehrere Alternativtermine für das Interview angeboten werden.

Bei der Terminplanung ist außerdem zu beachten, dass sich eine Interviewerin bzw. ein Interviewer ausreichend Zeit für und auch angemessen lange Pausen zwischen den Interviews legt, um nicht kognitiv zu erschöpfen. Anders formuliert sollten an einem Tag nicht zu viele Interviews durchgeführt werden, wobei die Anzahl von der Länge, dem Thema und den Erfahrungen der interviewenden Person abhängt. Der/die Interviewer_in sollte jeder interviewten Person möglichst denselben Grad an Aufmerksamkeit und Konzentration entgegenbringen (können). Beachten Sie außerdem, dass es sinnvoll sein kann die Zeiten zwischen den Interviews nicht nur als Pause zu nutzen, sondern auch einen Puffer einzuplanen, falls ein Interview einmal etwas länger dauert.

Checkliste	Anwerbung und Einladung von Interviewpartnerinnen und -partnern
✓	Kontaktaufnahme durch Interviewer_in oder Interviewpartner_in
✓	Gute Vorbereitung des Telefonats durch Interviewer_in (Erstkontakt!)
✓	Mehrere Terminoptionen anbieten
✓	Terminplan mit ausreichend Zeit für und zwischen den Interviews
✓	Nicht zu viele Interviews an einem Tag: Aufmerksamkeit und Konzentration bewahren

Abb. 5.1 Checkliste Anwerbung und Einladung von Interviewpartnerinnen und -partnern

Abb. 5.1 fasst die wichtigsten Aspekte nochmals in Form einer Checkliste zusammen.

5.2 Vorbereitung und Eröffnung des Interviews

Nachdem ein Interviewtermin vereinbart wurde, sind folgende Aspekte bei der Vorbereitung und Eröffnung zu bedenken, die teilweise sicherlich selbstverständlich erscheinen, aber dennoch nicht vergessen werden sollten:

Die Zeit bis zum Gespräch kann u. U. genutzt werden, um Vorinformationen über die Gesprächspartnerin bzw. den Gesprächspartner zu sichten, die insbesondere bei Einstellungsinterviews vorliegen werden. Vor dem Hintergrund der Vorinformationen sollten bereits spezifische Fragen formuliert werden, insbesondere wenn es sich um ein Einstellungsinterview handelt. Planen Sie deshalb ausreichend Zeit ein, um die Bewerbungsunterlagen genau zu lesen und spezifische Fragen zu formulieren. Im Multimodalen Interview® nach Schuler stellen Sie die entsprechenden Fragen im freien Gesprächsteil (siehe Abschn. 3.1.2).

Kleider machen Leute und das gilt auch für die interviewende Person. Ein gängiger Hinweis zur Kleidung mag lauten: weder *overstyled* noch *underdressed*. Was das genau bedeutet, hängt wiederum vom Interviewkontext ab. Jedenfalls wird die Kleidung der Interviewerin bzw. des Interviewers einen Effekt auf die interviewte Person haben. U. a. wird empfohlen, als Interviewer_in keine Kleidung zu wählen, die mögliche Statusunterschiede überbetont (z. B. Dyer 2006). Andererseits kann die Seriosität des gesamten Interviews beeinträchtigt werden, wenn die interviewende Person zu salopp und „schludrig" gekleidet ist. Ein weiterer Aspekt der Kleiderwahl ist sicherlich auch, dass sich der/die Interviewer_in darin wohl fühlen muss. Insofern wird eine Interviewerin bzw. ein Interviewer einen Kompromiss finden müssen zwischen einer für sie bzw. ihn stimmigen und der Situation angemessenen Kleidung. Das Outfit der Interviewerin bzw. des Interviewers sollte den/die Interviewpartner_in weder in negativer Hinsicht noch in positiver Hinsicht irritieren und vom Thema des Interviews ablenken. Ein Interview ist auch kein „Date"; deshalb ist allzu körperbetonte, „sexy" Kleidung unangemessen.

Gegebenenfalls kann es sinnvoll sein, eine Wartegelegenheit vor dem eigentlichen Interviewraum bereit zu halten (zumindest einen Stuhl), falls Interviewpartner_innen aus welchen Gründen auch immer zu früh zum Interview kommen oder sich der Interviewbeginn verzögert. Man sollte die zu interviewende Person aber auf keinen Fall zu lange warten lassen.

Wenn das Interview in einem Raum stattfindet, den die interviewende Person verantwortet und gestalten kann, sollte unbedingt auf *Ungestörtheit und Privatheit* geachtet werden. Während des Interviewzeitraums sollten Telefonanrufe umgeleitet oder verhindert und auch direkte Störungen durch entsprechende Hinweise auf der Tür des Interviewraums („Bitte nicht stören, Interview!") unterbunden werden. Um Interviewpartner_innen überhaupt erreichen und gewinnen zu können, ist es manchmal geboten, das Interview in der Wohnung der zu interviewenden Person durchzuführen. In diesem Fall kann man lediglich darum bitten, dass für den Zeitraum des Interviews Störungen und Unterbrechungen möglichst ausgeschlossen werden, was aber nicht immer gelingt. In einem Projekt zum Thema Stressbewältigung bei Familien mit kleinen Kindern (Laux und Schütz 1996) wurden beide Elternteile nacheinander in ihrer Wohnung interviewt, um den Aufwand für die Eltern möglichst gering zu halten. Im Idealfall betreute ein Elternteil die Kinder, während der andere das Interview gab und umgekehrt.

Der Interviewraum selbst sollte eine konstruktiv-angenehme Arbeitsatmosphäre vermitteln und der Interviewpartnerin/dem Interviewpartner signalisieren, dass man sie/ihn und das Interview ernst nimmt. Zu kahle oder vollgestopfte Räume, die offensichtlich zu Ausweichzwecken benutzt werden, vermitteln in der Regel nicht den Eindruck von besonderer Wichtigkeit und Bedeutsamkeit. Gerade bei potenziell kritischen oder sehr persönlichen Interviewthemen sollte ein Raum gewählt werden, der eine angenehme Atmosphäre schafft, z. B. durch warmes Licht, Blumen, bequeme Sitzgelegenheiten. Man sollte auch die Sitzordnung gut planen. Nach Seidenstücker (1976) ist eine Sitzordnung „über Eck", also etwa im 90 Gradwinkel zueinander günstig. Wenn man sich genau gegenüber sitzt, kann leicht der Eindruck eines Verhörs entstehen; nebeneinander sitzen scheidet ebenfalls aus, da in dieser Position beide Beteiligten die nonverbalen Signale, insbesondere die Mimik, nicht adäquat

5.2 Vorbereitung und Eröffnung des Interviews

berücksichtigen können. Der Abstand zwischen den am Interview beteiligten Personen sollte etwa einen Meter betragen und die Intimdistanz nicht verletzen, die bei etwa 50 cm beginnt. Wenn mehrere Personen am Interview beteiligt sind, hat sich nach den Erfahrungen der Autorin und des Autors ein runder Tisch als sehr günstig erwiesen.

Wenn eine Person eine mehr oder weniger lange Anfahrt in Kauf nimmt, um an einem Interview teilzunehmen, dann gebietet es schon die Höflichkeit, dass Getränke und kleinere Snacks angeboten werden. Auch wenn die oder der Befragte ablehnt, tragen kleine Erfrischungen zu einer positiven Atmosphäre und Wertschätzung bei und können im Rahmen des anfänglichen Smalltalks eingebaut werden.

Das Interview ist terminiert und entsprechend vorbereitet; nun steht der/die Interviewpartner_in vor der Tür. Selbstverständlich muss die Interviewerin bzw. der Interviewer pünktlich, d. h. mindestens einige Minuten vor der zu interviewenden Person da sein und sollte sich auch noch Zeit nehmen, um sich auf das Interview einzustellen (z. B. den Interviewleitfaden nochmals durchgehen etc.). Der/die Interviewpartner_in wird begrüßt und es folgt eine Vorstellung der eigenen und eventuell anderer am Interview beteiligter Personen. Es sollte auch eine Möglichkeit zum Ablegen der Garderobe vorgesehen sein. Dem oder

Checkliste	**Vorbereitung und Eröffnung des Interviews**
✓	Vorinformationen über Interviewpartner_in sichten und ggf. spezifische Fragen formulieren
✓	Angemessen kleiden
✓	Ggf. Wartegelegenheit vor dem Raum anbieten
✓	Für Ungestörtheit und Privatheit sorgen
✓	Konstruktiv-angenehme Arbeitsatmosphäre schaffen
✓	Sitzordnung planen
✓	Getränke und ggf. Snacks anbieten
✓	Für Garderobe sorgen
✓	Pünktlichkeit gewährleisten
✓	Unterlagen (z.B. Interviewleitfaden) nochmals durchgehen
✓	Smalltalk und Überblick über Interview, wichtige Hinweise geben

Abb. 5.2 Vorbereitung und Eröffnung von Interviews

der Interviewpartner_in werden ein Platz und eventuell Getränke und Snacks angeboten. Nach einigen Einstiegsfragen und Smalltalk leitet die interviewende Person vor dem Hintergrund des Interviewleitfadens zum Ablauf des Interviews über, gibt einen Überblick und wichtige Hinweise z. B. zur Vertraulichkeit, der ungefähren Dauer, den Zielen und ggf. den Rollen der am Interview beteiligten Personen. Das alles klingt vielleicht trivial und einfach, einzelne Elemente können aber schnell und leicht vergessen werden und das Interview mehr oder weniger stark beeinträchtigen. Deshalb gilt: je besser Sie vorbereitet sind, desto entspannter und natürlicher können Sie das Gespräch und Interview leiten.

Abb. 5.2 fasst die wichtigsten Aspekte der Gesprächsvorbereitung anhand einer Checkliste überblicksartig zusammen.

5.3 Gesprächsführung und Beziehungsaufbau

Die Aufgabe der interviewenden Person ist es, das Gespräch so zu leiten, dass die intendierten Ziele möglichst optimal erreicht werden. Zwei übergeordnete Ziele, die unabhängig von unterschiedlichen Anwendungskontexten gelten, sind a) das Gespräch so zu führen, dass die/der Interviewte für den Gesprächsgegenstand relevante, reliable und valide Informationen gibt bzw. geben kann und b) beim Thema des Interviews zu bleiben. Im Folgenden werden Möglichkeiten der Steuerung des Gesprächsflusses anhand verbaler und nonverbaler Signale beschrieben. Anschließend werden Themenwechsel und Zusammenfassungen als Mittel der Gesprächsführung sowie abschließend der Umgang mit herausfordernden Gesprächssituationen anhand von praktischen Empfehlungen dargelegt.

5.3.1 Verbale und nonverbale Steuerungsmöglichkeiten des Gesprächsflusses

Der Gesprächsfluss im Interview kann durch teilweise sehr subtile Signale auf verbaler wie nonverbaler Ebene stimuliert oder gebremst werden. In Studien zum verbalen Konditionieren stellte sich heraus, dass der Redefluss einer Interaktionspartnerin/eines Interaktionspartners durch kurze Äußerungen wie z. B. „Mmh", „Aha", „Ich verstehe" positiv verstärkt werden kann. Dabei sind inhaltlich neutrale Ermunterungen wie die gerade genannten von inhaltlich zustimmenden Ermunterungen wie z. B. „gut", „schön", „richtig" zu unterscheiden. In zustimmenden verbalen Äußerungen kommen Bewertungen der interviewenden Person zum Ausdruck, die vermieden werden sollten, wenn es in erster Linie um

5.3 Gesprächsführung und Beziehungsaufbau

die Erhebung von Informationen geht. In klinischen oder pädagogischen Kontexten können zustimmende Ermunterungen bei funktionalen Äußerungen oder Berichten über erwünschte Verhaltensweisen dagegen gezielt eingesetzt werden. So zeigen Studien zum verbalen Konditionieren in psychoanalytischen Therapiesitzungen, dass Patientinnen und Patienten in der psychoanalytischen Behandlung auch deshalb so häufig über Kindheitserlebnisse und sexuelle Erfahrungen sprechen, weil sie von der Analytikerin oder vom Analytiker mit zustimmenden Ermunterungen verstärkt werden, wenn sie darüber erzählen (Quay 1959) oder weil sie erwarten, dass der/die Psychoanalytiker_in etwas über Kindheitserlebnisse und sexuelle Erfahrungen hören möchte und er/sie es zusätzlich verstärkt. Für die Gesprächsführung lässt sich aus diesen Studien die Konsequenz ableiten, grundsätzlich neutrale Ermunterungen zu verwenden, um den Gesprächsfluss, nicht aber die geäußerten Inhalte positiv zu beeinflussen. Aus den Studien lässt sich auch ableiten, dass eine Interviewerin bzw. ein Interviewer im Rahmen ihrer bzw. seiner Gesprächsführungen verbale Ermunterungen gezielt zurückhalten, die befragte Person also nicht positiv verstärken sollte, wenn diese abschweift und zu sehr über ein Thema spricht, das mit dem Interview nichts mehr zu tun hat. In einem solchen Fall kann die interviewte Person auch auf wertschätzende Weise unterbrochen und zum Thema zurückgeführt werden, indem man sich beispielsweise für die Ausführungen bedankt und signalisiert, dass die gestellte Frage bereits umfassend beantwortet wurde und deshalb zur nächste Frage übergegangen wird.

Die genannten Effekte auf den Redefluss lassen sich auch bzw. zusätzlich durch nonverbales Verhalten seitens der interviewenden Person erzielen. Lächeln, Blickkontakt, eine zugewandte Körperhaltung sowie eine offene Gestik (z. B. Arme nicht verschränkt) können das Auskunftsverhalten fördern. Umgekehrt gilt, dass nonverbale Signale auch gezielt eingesetzt werden können, um der bzw. dem Interviewten mehr oder weniger deutlich zu signalisieren, dass ihre bzw. seine Ausführungen zu weit gehen oder sie/er gar vom Thema abschweifen. Als Interviewer_in sollten Sie auch die nonverbalen Signale Ihres Gegenübers beachten. Wenn eine Probandin bzw. ein Proband über sehr persönliche Themen spricht und Sie dabei nicht ansieht, dann sollten Sie sie bzw. ihn auch nicht unterbrechen, selbst wenn sie bzw. er dabei immer wieder kurze Sprechpausen einlegt. Der reduzierte Blickkontakt der Probandin/des Probanden kann damit zusammenhängen, dass sie/er intensiv nachdenkt und sozusagen „nach innen" blickt oder ihr/ihm ein Blickkontakt beim Berichten persönlicher Themen unangenehm ist. Wenn die befragte Person Sie nach einer längeren Äußerung wieder anblickt und schweigt, dann können Sie davon ausgehen, dass sie ihren Redebeitrag beendet hat und es nun an Ihnen ist, die nächste Frage zu stellen (sogenanntes turn taking, z. B. Duncan 1972; Levinson 2015).

Weiterhin kann die interviewende Person ihre Körperhaltung nutzen, um die Befragte bzw. den Befragten zu beeinflussen. Wenn eine befragte Person sehr angespannt auf ihrem Stuhl sitzt, kann der/die Interviewer_in bewusst eine entspannte Körperhaltung als Komplementärsignal einnehmen und dadurch eventuell zur Entspannung der/des Befragten beitragen. Allerdings kann eine allzu entspannte Körperhaltung der interviewenden Person auch als Zeichen für Desinteresse oder aber Überlegenheit interpretiert werden, so dass beobachtet werden muss, wie diese Maßnahme bei der interviewten Person ankommt.

5.3.2 Themenwechsel und Zusammenfassungen als Strategien der Gesprächsführung

Ein Themenwechsel als Maßnahme der Gesprächsführung kann aus verschiedenen Gründen sinnvoll sein (vgl. Seidenstücker 1976, S. 180 ff.): Einerseits nachdem alle relevanten Informationen zu einem Thema gesammelt wurden und der Interviewleitfaden den Übergang zu einem neuen Thema vorsieht. Ein Themenwechsel kann aber gerade in Beratungskontexten auch indiziert sein, wenn sich die befragte Person bei einem Thema offensichtlich sehr bedroht fühlt. In diesem Fall kann versucht werden, das Thema zu einem späteren Zeitpunkt noch einmal aufzugreifen und vorsichtig anzusprechen, besonders wenn eine vertrautere Beziehung zur interviewten Person hergestellt wurde. Wenn eine Befragte bzw. ein Befragter vom eigentlichen Thema zu sehr abschweift, liegt ein weiterer Grund für einen Themenwechsel vor. Dabei kann es notwendig sein, den/die Gesprächspartner_in zu unterbrechen, das Gesagte noch einmal kurz zusammenzufassen und deutlich zu machen, dass nun ein anderes Thema im Mittelpunkt stehen wird. Es kann auch vorkommen, dass ein Thema, das die interviewende Person anschneidet, der/dem Befragten vollkommen uninteressant erscheint und entsprechend wenig Redebereitschaft generiert. In diesem Fall muss der/die Interviewer_in der befragten Person deutlich machen, warum das Thema für sie/ihn bedeutsam ist. Eine alternative Formulierung der Frage kann ebenfalls helfen, das Interesse der/des Interviewten zu wecken.

Zusammenfassungen wurden bereits als wichtige Instrumente eingeführt, um sicherzustellen, dass gegebene Informationen richtig verstanden sowie vollständig gegeben wurden und bei Bedarf ergänzt werden können. Zusammenfassungen sollten in einem fragenden Tonfall vorgetragen und mit der expliziten Bitte um Korrekturen und Erweiterungen verbunden werden. Hilfreich ist auch zu betonen, dass die Zusammenfassung spiegelt, wie Sie die Aussagen verstanden haben („Ich habe Sie so verstanden, dass …"), statt zu sagen „Sie haben vorhin gesagt, dass ...". Diese Formulierung eignet sich nur, wenn Sie auf spezifische Ausdrucksweisen, Begriffe oder Zitate der oder des Interviewten zurückkommen möchten, die Sie sich während des Interviews notiert haben. Ein Sonderfall der Zusammenfassung ist die *Konfrontation* der interviewten Person mit Widersprüchen in ihren/seinen Aussagen. Konfrontierende Zusammenfassungen sollten vorsichtig und behutsam formuliert und keinesfalls in Untersuchungsrichtermanier vorgetragen werden. Dabei ist eine einschränkende Einleitung wie z. B. „Möglicherweise habe ich Sie ja falsch verstanden, aber ..." sinnvoll und auch angemessen, weil es wirklich sein kann, dass man die oder den Befragten falsch verstanden hat. Es kann außerdem sein, dass Sie einen Widerspruch sehen, den die interviewte Person so nicht wahrnimmt und demnach erklären kann.

5.3.3 Umgang mit schwierigen Gesprächssituationen

Insbesondere, wenn Menschen Hilfe und Beratung angesichts ihrer Probleme suchen, aber auch in anderen Interviewkontexten, können schwierige Gesprächssituationen eintreten, auf die der Interviewer oder die Interviewerin vorbereitet sein muss. Gesprächssituationen, die von der Interviewerin oder vom Interviewer als mehr oder weniger schwierig wahrgenommen werden, können beispielsweise sein:

- *Die bzw. der Befragte macht die Person des Interviewers zum Thema:* Dies kann in unterschiedlicher Weise erfolgen. Noch vergleichsweise harmlos ist es, wenn die Interviewpartnerin beginnt, den Interviewer auszufragen und sein Alter oder seinen Familienstand wissen will. Dasselbe gilt für Interviewpartner und Interviewerinnen. Allerdings können bereits solche Fragen mit der Absicht verbunden sein, die Kompetenz der interviewenden Person infrage zu stellen. Direktere Äußerungen in dieser Richtung können dann z. B. in folgenden oder ähnlichen Formulierungen zum Ausdruck kommen: „Sie sind aber noch jung, haben Sie überhaupt schon ausreichend Berufserfahrung, um mir zu helfen?"; „Ich habe eigentlich erwartet, dass ich mit einer Frau/einem Mann sprechen werde!"; „Ich habe selbst schon viele Interviews durchgeführt und bin gespannt, wie Sie das jetzt machen werden". Eine andere Variante, bei der die Person der Interviewerin oder des Interviewers in den Mittelpunkt rückt, besteht darin, dass der bzw. die Befragte beginnt, mit der Interviewerin bzw. dem Interviewer zu flirten oder sogar anzüglich wird.
- *Die bzw. der Befragte macht die Tatsache des Interviewtwerdens zum Gegenstand:* Beispielsweise äußert sie/er Zweifel oder Bedenken, ob denn auch alles

wirklich vertraulich behandelt wird, was sie/er sagt. Oder sie/er fragt: „Wozu müssen Sie das denn alles wissen?"
- *Die bzw. der Befragte antwortet nicht oder nur unvollständig*, weil sie/er bewusst Informationen zurückhalten möchte oder weil sie/er von seinen Gefühlen überwältigt wird.
- *Die bzw. der Befragte übernimmt die Gesprächsführung und sagt zu viel.*

Wie können Interviewende in solchen schwierigen Gesprächssituationen reagieren? Im Folgenden können nur einige Hinweise gegeben werden. Für spezifischere Informationen muss auf weitere einschlägige Literatur verwiesen werden. Wichtig und sehr hilfreich ist es sicherlich, für die eigene Person passende Reaktionsmöglichkeiten angesichts solcher Situationen beispielsweise im Rollenspiel zu erproben oder zumindest gedanklich durchzuspielen. Zudem ist es bedeutsam, sich darüber im Klaren zu sein, dass solche schwierigen Interviewsituationen vorkommen können, um nicht vollkommen überrascht und unvorbereitet zu sein.

Zwei zusammenhängende generelle Strategien, die im Umgang mit schwierigen Interviewsituationen hilfreich sein können, sind die Reflexion von Gefühlen und die damit verbundene Meta-Kommunikation. Bei der Reflexion von Gefühlen geht der/die Interviewer_in nicht auf den Inhalt der Aussage einer oder eines Befragten ein, sondern verbalisiert das wahrgenommene („übertragene") begleitende Gefühl. Meta-Kommunikation besteht darin, dass über die aktuelle Kommunikation kommuniziert wird. Ängste, Vorbehalte oder Befürchtungen werden von Befragten häufig nicht direkt geäußert, sondern kommen in Form von Fragen, wie sie oben beispielhaft angeführt wurden, zum Ausdruck. Wenn eine Interviewerin bzw. ein Interviewer Gefühle reflektiert, dann mit der Intention, Kommunikationsbarrieren abzubauen. Konkrete Beispiele für die Reflexion von Gefühlen in klinischen Interviews finden sich bei Seidenstücker (1976, S. 193 ff.). Für die Reflexion von Gefühlen als Beispiel für Meta-Kommunikation gibt Seidenstücker (1976) folgende Empfehlungen:

- Die Äußerungen der/des Befragten ernst nehmen und auf keinen Fall bagatellisieren,
- auf keinen Fall Erstaunen, Unmut oder Ärger äußern,
- Gefühle nur vorsichtig und überlegt reflektieren,
- Reflexionen in eher fragendem Ton vortragen, damit nicht der Eindruck entsteht, dass Sie besser wissen, was die/der Befragte denkt bzw. fühlt,
- nach der Reflexion von Gefühlen ist zu klären, ob das damit verbundene Problem einigermaßen ausgeräumt ist.

5.4 Rechtliche und ethische Rahmenbedingungen der Interviewdurchführung

Grundsätzlich gelten für die Durchführung von Interviews dieselben rechtlichen und ethischen Standards wie für alle anderen psychodiagnostischen Verfahren. Die European Association of Psychological Assessment (EAPA) hat Richtlinien für den gesamten diagnostischen Prozess formuliert (deutsche Version: Westhoff et al. 2003), die natürlich auch für die Interviewmethode gelten. Ebenso sind die berufsethischen Richtlinien der Deutschen Gesellschaft für Psychologie (DGPs) und des Berufsverbandes Deutscher Psychologinnen und Psychologen (BDP) zu beachten, (vgl. https://www.dgps.de/index.php?id=85). Generelle Empfehlungen, aber auch konkrete Mustervorlagen, z. B. für Einwilligungserklärungen für Bild- und Tonaufnahmen, enthält die von der Deutschen Gesellschaft für Psychologie (DGPs 2018) herausgegebene Publikation zu ethischem Handeln in der psychologischen Forschung. Die Ethik-Kommission der DGPs stellt zudem Mustervorlagen für Teilnehmerinformationen und Einwilligungserklärungen bei unterschiedlichen Studientypen (z. B. EEG, MRT, Bild- und Tonaufnahmen) im Internet zur Verfügung (https://www.dgps.de/index.php?id=186).

Zuallererst sind auch bei der Durchführung von Interviews ganz grundlegende Rechte zu beachten und zu schützen, wie sie in den ersten beiden Artikeln des Grundgesetzes niedergelegt sind (Schutz der Menschenwürde und allgemeines Persönlichkeitsrecht). In Interviews erhobene Daten müssen vertraulich behandelt werden; vgl. § 201 StGB zur Verletzung der Vertraulichkeit des Wortes sowie § 203 zur Verletzung von Privatgeheimnissen. Im § 203, Absatz 1 werden explizit auch Berufspsychologinnen und Berufspsychologen erwähnt.

Seit 25.05.2018 gilt in Deutschland die sogenannte Datenschutz-Grundverordnung (DSGVO); dabei handelt es sich um eine Verordnung der Europäischen Union, die den Umgang mit personenbezogenen Daten betrifft und auch spezielle Regelungen für Daten enthält, die im Bereich der Wissenschaft erhoben werden (Art. 89 DSGVO). Personenbezogene Daten sind laut Art. 4, Abs. 1 Nr. 1,

> … alle Informationen, die sich auf eine identifizierte oder identifizierbare natürliche Person (…) beziehen; als identifizierbar wird eine natürliche Person angesehen, die direkt oder indirekt, insbesondere mittels Zuordnung zu einer Kennung wie einem Namen, zu einer Kennnummer, zu Standortdaten, zu einer Online-Kennung oder zu einem oder mehreren besonderen Merkmalen identifiziert werden kann, die Ausdruck der physischen, physiologischen, genetischen, psychischen, wirtschaftlichen, kulturellen oder sozialen Identität dieser natürlichen Person sind.

Die Erfassung von personenbezogenen Daten zu wissenschaftlichen Zwecken ist unter bestimmten Voraussetzungen möglich; dazu zählen u. a. eine ausführliche Teilnehmendeninformation und eine explizite schriftliche Einwilligungserklärung zur Erfassung, Speicherung und zweckgerichteten Verwendung der Daten. Die zweckgerichtete Verwendung bedeutet auch, dass die gespeicherten Daten nur für den Zweck verwendet werden dürfen, der einer befragten Person mitgeteilt wurde. Davon abweichende spätere Verwendungszwecke bedürfen eines erneuten Einverständnisses der untersuchten/befragten Person. Im Falle einer Gesprächsaufzeichnung bspw. über ein Diktier- oder anderes Aufnahmegerät, muss die interviewte Person dem explizit zustimmen und jederzeit die Möglichkeit haben, die Aufnahmen ohne Nachteile zu unterbrechen und eine Löschung der Daten zu fordern.

Zudem müssen ein Verzeichnis der sogenannten Verarbeitungstätigkeiten und eine Datenschutzfolgeabschätzung vorgelegt werden. Im Verzeichnis der Verarbeitungstätigkeiten sind laut Art. 30, Abs. 1 DSGVO u. a. offenzulegen, wer für die personenbezogenen Daten verantwortlich ist, mit welchen Zielsetzungen bzw. Zwecken die Daten verarbeitet und wann Daten gelöscht werden. Weiterhin sollte eine allgemeine Beschreibung der technischen und organisatorischen Maßnahmen zur Sicherheit der Datenverarbeitung gegeben werden. Nach Art. 35 DSGVO ist außerdem eine Datenschutz-Folgeabschätzung durchzuführen, wenn die „… Verarbeitung voraussichtlich ein hohes Risiko für die Rechte und Freiheiten natürlicher Personen zur Folge (hat)". Ein solch hohes Risiko kann z. B. bei personenbezogenen Daten zum Sexualverhalten oder zur sexuellen Orientierung, bei gesundheitsbezogenen Daten oder auch bei bestimmten biometrischen und genetischen Daten bestehen. Da die zuerst genannten Daten-Kategorien u. U. auch in Interviews erhoben werden, ist einen Datenschutzfolgeabschätzung in solchen Fällen folglich ebenfalls notwendig.

Die an dieser Stelle nur knapp skizzierten Erfordernisse, die seit Inkrafttreten der DSGVO auch bei der Durchführung und Aufzeichnung von Interviews in der Wissenschaft und bei praktisch-psychologischen Tätigkeiten beachtet und umgesetzt werden müssen, sind komplex und können sich zudem zwischen verschiedenen Bundesländern mehr oder weniger unterscheiden. Die Ethik-Kommission der DGPs stellt auf ihren Web-Seiten unter der Rubrik „Datenschutzrechtliche Empfehlungen" Arbeitshilfen, u. a. zum Verzeichnis der Verarbeitungstätigkeit und zur Datenschutzfolgeabschätzung zur Verfügung, an denen sich Wissenschaftlerinnen und Wissenschaftler orientieren können (https://www.dgps.de/index.php?id=185). Bei geplanten Forschungsvorhaben, in denen Daten mit Hilfe welcher diagnostischer Instrumente auch immer erfasst, gespeichert und weiterverarbeitet werden, empfiehlt es sich außerdem, die oder den lokalen Datenschutzbeauftragte_n der Universität oder Hochschule zu konsultieren.

In Bewerbungsinterviews kommen darüber hinaus weitere, spezifische rechtliche Aspekte zum Tragen. So sind etwa Fragen, die die Privatsphäre der Bewerber_innen oder das Allgemeine Gleichbehandlungsgesetz (AGG) verletzen, nicht zulässig. Auch sollten suggestive und rhetorische Fragen, die der/dem Bewerber_in nahelegen, in eine bestimmte gewünschte Richtung zu antworten, grundsätzlich vermieden werden. Es dürfen nur personenbezogene Daten, die für die konkrete, anforderungsbezogene Einstellungsentscheidung relevant sind (§ 32 Abs. 1 BDSG) erhoben werden. Zulässig sind demnach Fragen zur Qualifikation und der beruflichen Erfahrung der/des sich Bewerbenden, ihrer/seiner Einsatzfähigkeit (bspw. ihrer/seiner Flexibilität bezüglich Schichtdienst, ggf. vorhandenen Einschränkungen bei der Arbeitsausübung, wie Krankheit – z. B. Lebensmittelallergien, körperliche Einschränkungen die für die Arbeit relevant sind), Vertragsbedingungen (z. B. Gehaltsvorstellungen, möglicher Einstellungszeitpunkt) und Fragen z. B. zum Einverständnis mit dem Rauchverbot im Betrieb sowie Voraussetzungen wie z. B. einer Fahrerlaubnis oder Reisebereitschaft. Fragen müssen also anforderungsbezogen auf die zu besetzende Stelle gestellt werden. Alle Fragen, die nicht auf den Beruf oder gegebene Anforderungen bezogen sind, sind unzulässig. Dazu zählen insbesondere Fragen aus dem engen Persönlichkeitsbereich wie das Vorliegen einer Schwangerschaft, die Familienplanung, der allgemeine Gesundheitszustand, aber auch die Werteorientierung der/des sich Bewerbenden (Religions-, Gewerkschaftszugehörigkeit oder politische Einstellung), ihrer/seiner Herkunft oder ihres/seines Vermögens (vgl. Diagnostik- und Testkuratorium 2018).

5.5 Merkmale eines guten Interviewers und Förderung durch Interviewtrainings

Wie im zweiten Kapitel bereits angedeutet, sind die Einflüsse, die mit der Person der Interviewerin oder des Interviewers, der oder des Interviewten und deren Interaktion zusammenhängen und jeweils zu unterschiedlichen Antworten führen, Störeffekte, die „wahre" bzw. valide Antworten beeinträchtigen und überlagern können. Um solche Störeffekte ausschließen oder zumindest relativieren zu können, werden verschiedene Maßnahmen vorgeschlagen, die sowohl die Standardisierung des Interviews, als auch die Selektion, das Training und die Supervision der interviewenden Person betreffen (vgl. Fowler und Mangione 1990, S. 136 ff.). Darüber hinaus ist die interviewende Person nicht immer diejenige, die den Interviewleitfaden entwickelt und aufgrund bspw. ihrer Forschungsfragen umsetzt. Häufig führen andere Personen als die ursprünglichen Entwickler_innen des Interviewleitfadens das Interview und sind damit bspw. „Übermittler_innen" eines fremden Forschungsinteresses. Dies stellt eine Herausforderung dar, der mit Interviewtrainings begegnet werden kann. In diesem Abschnitt werden zunächst einige Merkmale und Verhaltensweisen genannt, die eine Interviewerin oder ein Interviewer aufweisen bzw. umsetzen sollte. Anschließend werden Hinweise für die Gestaltung von Interviewtrainings gegeben.

5.5.1 Was zeichnet eine gute Interviewerin bzw. einen guten Interviewer aus?

In verschiedenen Quellen zur Interview-Methode werden Merkmale einer oder eines guten Interviewenden aufgelistet. So stellen Bortz und Döring (2006, S. 247) in Anlehnung an Fowler und Mangione (1990) einen „Minimalkatalog" von Merkmalen auf, die eine „gute" Interviewerin bzw. ein „guter" Interviewer aufweisen sollte. Zu den katalogisierten Merkmalen zählen:

- Interesse am Menschen und an der untersuchten Fragestellung,
- Psychische Belastbarkeit,
- Hohe Anpassungsfähigkeit (gegenüber verschiedenen Gesprächspartnerinnen und Gesprächspartnern),
- Gute Allgemeinbildung und ausreichende Informiertheit über das Befragungsthema,
- Fähigkeit zur Kontrolle des eigenen verbalen und nonverbalen Verhaltens,
- Selbstkritische Haltung und Reflexionsfähigkeit (zur Abschätzung der potenziellen Einflüsse der eigenen Person auf das Interview).

Zusammengefasst laufen diese Hinweise auf drei zentrale (Persönlichkeits-) Merkmale hinaus: akademische Intelligenz, soziale Intelligenz und Stressresistenz. Von anderen Autorinnen und Autoren werden funktionale und dysfunktionale Verhaltensweisen vorgelegt, die eine Interviewerin oder ein Interviewer anstreben bzw. vermeiden sollte. Stärker verhaltensbezogene Empfehlungen sind sinnvoller und praktisch hilfreicher als eine Aufzählung von erwünschten Persönlichkeitsmerkmalen, die sich auch durch ein mehrtägiges Training sicher nicht einfach erwerben lassen. Möglichst konkret formulierte Verhaltensweisen können in Trainings dagegen erprobt und schrittweise erlernt werden. In Tab. 5.1 und 5.2 werden Listen, die sich auf eher verhaltensbezogene „Do's and Don'ts" beim Interviewen beziehen, aufgeführt.

5.5 Merkmale eines guten Interviewers ...

Tab. 5.1 Do's: Was eine gute Interviewerin/einen guten Interviewer auszeichnet

Vor dem Interview	Der/die Interviewer_in ... • hat einen Plan, • hat adäquates Fachwissen, • hat adäquate Hintergrundinformationen zur/zum sich Bewerbenden, • setzt das Interview mit genügend Zeit an, • stellt sicher, dass das Interview ungestört stattfinden kann *(Loretto 1986, S. 104)*
Währenddessen	Der/die Interviewer_in ... • stellt nur notwendige Fragen, • wiederholt Fragen, wenn nötig, • widmet ihre/seine volle Aufmerksamkeit stets der interviewten Person, • hält guten Augenkontakt, ohne die/den Interviewte_n anzustarren, • liest die Körpersprache der interviewten Person hinsichtlich Hinweisen auf Gefühle und Einstellungen, • nutzt ihre/seine Körperhaltung und Mimik, um Interesse auszudrücken und Sympathie zu schaffen, • lässt zwischen den Fragen Zeit, sodass die interviewte Person über ihre/seine Antworten nachdenken kann, • spricht deutlich weniger als die interviewte Person, • nimmt eine neutrale Haltung gegenüber dem Gesagten ein, auch wenn sie/er nach ihrer/seiner Meinung gefragt wird, • versucht, so viel wie möglich zu erinnern von dem, was gesagt und auch wie es ausgedrückt wurde, *(Dyer 2006, S. 39)* • lässt die interviewte Person sprechen, • vermeidet Suggestivfragen, • passt das Sprachniveau an das der/des Interviewten an, • ist sich ihrer/seiner eigenen Vorurteile bewusst und versucht deren Einfluss auf Bewertungen zu vermeiden, • vermeidet jegliche Art der Diskriminierung, • weiß wann und wie sie/er das Interview schließt, • macht sich Notizen während des Interviews *(Loretto 1986, S. 104)*
Danach	Der/die Interviewer_in ... • notiert sich Eindrücke und Bewertungen unmittelbar nach dem Interview *(Loretto 1986, S. 104)*

Tab. 5.2 Don'ts: Was eine gute Interviewerin/ein guter Interviewer vermeidet

Während des Interviews	Der/die Interviewer_in vermeidet es, ...
	• Fragen zu stellen, die ihre/seine eigene Neugier befriedigen,
	• Fragen zu stellen, die die/der Interviewte nicht versteht,
	• Ungeduld, Kritik oder Gleichgültigkeit auszudrücken,
	• zu starren oder gedankenverloren zu wirken,
	• jeden kurzen Moment der Stille mit einer Frage füllen zu wollen,
	• durch das Interview zu hetzen,
	• von dem bzw. der Redner_in weg zu schauen,
	• die/den Interviewte_n beim Sprechen zu unterbrechen,
	• zu planen, was er als nächstes sagen möchte, während sie/er gleichzeitig der/dem Interviewten zuhört,
	• ein Urteil über die Person der/des Interviewten oder ihre/seine Aussagen zu fällen
	(Dyer 2006, S. 39)
	• abzuschalten, nicht zuzuhören,
	• sich zu identifizieren, die Distanz aufzugeben,
	• zu signalisieren, dass der „Auftrag" der Anamneseerhebung überschritten ist,
	• zu monologisieren, ausschweifend zu reden,
	• zu dirigieren, Ratschläge zu erteilen,
	• zu dogmatisieren, Lehrsätze zu vermitteln,
	• zu distanzieren, Fachsprache zu benutzen,
	• umzufunktionieren, vom Thema abzulenken
	(Kubinger und Deegener 2001)

5.5.2 Interviewtrainings

Interviewtrainings sind eine geeignete Maßnahme, wenn z. B. Forschungsinterviews mit zahlreichen Probandinnen und Probanden durchgeführt werden sollen und man sicherstellen möchte, dass alle Interviewenden sowohl den Interviewleitfaden als auch grundlegende Prinzipien der Gesprächsführung, des Beziehungsaufbaus, aber auch mögliche Störeffekte kennen. Ebenso eignen sich Interviewtrainings zur Verbesserung der Personalauswahl, wenn systematische, fundierte wie auch qualitativ hochwertige Bewerbungsgespräche angestrebt werden. Hier gelten die gleichen Lernziele wie im Forschungsinterview, wobei im Auswahlgespräch auch wichtige rechtliche Rahmenbedingungen wie etwa das Allgemeine Gleichbehandlungsgesetz (siehe auch Abschn. 5.4) von Bedeutung sind und deshalb Gegenstand des Trainings sein sollten. Im Interviewtraining sollten außerdem schwierige Gesprächssituationen thematisiert und der Umgang

5.5 Merkmale eines guten Interviewers ...

damit geübt werden (vgl. Felfe und Franke 2014). Auch die Reaktion auf Nachfragen der/des Interviewten sollten einheitlich gestaltet und deshalb im Training vorbereitet werden. Teilnehmende eines Interviewtrainings geben sich gegenseitig Feedback und können dieses als wichtige Lernquelle nutzen, z. B. wenn es um das formulieren geeigneter Nachfragen (keine Suggestivfragen!) oder das Aushalten von Denkpausen in einem Rollenspiel-Interview geht. Diese Pausen werden von Interviewenden meist als sehr lang erlebt und, um das Gespräch am Laufen zu halten, durch die nächste Frage unterbrochen. Ein Feedback durch außenstehende Beobachter_innen kann diesen Eindruck relativieren. So trägt ein gutes Interviewtraining auch immer zur Erweiterung des Verhaltensrepertoires bei. Das Interview stellt durch die multiplen Anforderungen an die Interviewenden (u. a. zuhören, filtern, Notizen machen, Zusammenfassungen geben) ein komplexes Instrument dar, welches entsprechend Übung erfordert, die durch ein Interviewtraining angestoßen und in die Realsituation transferiert wird.

Nach Bortz und Döring (2006, S. 247) sollte eine Interviewerschulung im Allgemeinen folgende Elemente umfassen:

- *Vermittlung von inhaltlichen Kenntnissen über den Gegenstand der Befragung* (falls es Rückfragen der Interviewten gibt); solche inhaltlichen Kenntnisse sind insbesondere bei klinischen Interviews erforderlich. Interviewende, die ein Störungsbild differentialdiagnostisch abklären wollen, müssen natürlich auch umfangreiches Wissen zu klinischen Störungsbildern aufweisen (vgl. Keßler 2005),
- *Differenzierte Erläuterung des Interviewleitfadens,*
- *Hinweise zur Dokumentation der Antworten* (falls keine Aufzeichnung erfolgt) z. B. durch einheitliche Abkürzungen,
- *Umgang mit Antwortverweigerungen,*
- *Probeinterviews,* in denen auch schwierige Situationen simuliert werden und in denen angehende Interviewer_innen per Videofeedback Informationen über ihr Gesprächsverhalten erhalten können.

Schuler hat die folgenden Prinzipien und Elemente speziell für Trainings zu Einstellungsinterviews vorgeschlagen (Schuler 2018, S. 277 ff.). Ausgangspunkt der Hinweise ist das Vorliegen eines strukturierten Interviews, das zukünftige Interviewende kennenlernen und kompetent anwenden können sollen. Für die Trainings werden dann folgende Prinzipien und Bausteine empfohlen, die z. T. auch in den oben aufgeführten allgemeinen Hinweisen genannt wurden.

Trainingsprinzipien:

- Partizipation (die Teilnehmenden sollen sich an der Vorbereitung, Organisation und an Diskussionen beteiligen)
- Praktische Übungen zu Gesprächsführung und Interviewsituationen
- Methodenvielfalt (Vorträge, Filmvorführungen, Rollenspiele, Beobachtung der anderen Teilnehmenden etc.)
- Wiederholung wichtiger Inhalte
- Feedback durch Trainer_innen und andere Teilnehmende

Trainingsbausteine und Übungen:

- Eisbrecher (z. B. Vorstellung, Filme zu Beginn)
- Vortrag (zur Erläuterung des Interviewverfahrens)
- Videovorführungen (z. B. zu Gesprächsfehlern oder gelungenen Gesprächen) und gemeinsame Besprechung
- Rollenspiele (d. h. Durchführung von ausschnitthaften Probeinterviews) in Kleingruppen
- Übungen zur Fragenformulierung bei Interviews mit freien Gesprächsteilen und daran anschließend Übungen zum Fragestellen laut Interviewleitfaden
- Übungen zur Antwortbewertung, insbesondere wenn Bewertungsdimensionen vorliegen
- Übungen zum aktiven Zuhören
- Bewältigung schwieriger Fälle und Herausforderungen

Ein Interviewtraining für Bewerbungsgespräche könnte wie in Abb. 5.3 beispielhaft dargestellt ablaufen.

Feedbacks zum Interviewverhalten und zur Gesprächsführung sollten zentrale Aspekte im Interviewtraining sein. Suggestiv oder wertend formulierte Fragen, zu kurze Denkpausen oder umständliche Formulierungen von Fragen fallen den Teilnehmenden selbst erst nach Video- oder Gruppen-Feedback und wiederholter Übung auf. Ebenso sollte die Herausforderung der Gesprächsführung nahe am Interviewleitfaden nicht unterschätzt werden. Teilnehmende an Interviewtrainings neigen häufig dazu, Fragen so in eigenen Worten wiederzugeben, dass dabei ihr Sinn wesentlich zu verändert wird, wodurch keine Vergleichbarkeit mehr gewährleistet werden kann. Auf diese „wunden Punkte" hinzuweisen und sie zu üben ist deshalb – selbst wenn es zunächst banal wirken mag – ganz zentral im Training, denn damit steht oder fällt die Qualität des Interviews. Selbst erfahrene Personaler_innen oder Interviewer_innen ohne psychologischen Hintergrund sind davor nicht gewappnet, solche blinde Flecken zu haben, weshalb sich ein Interviewtraining trotz des hohen Aufwands stets lohnt.

5.5 Merkmale eines guten Interviewers ...

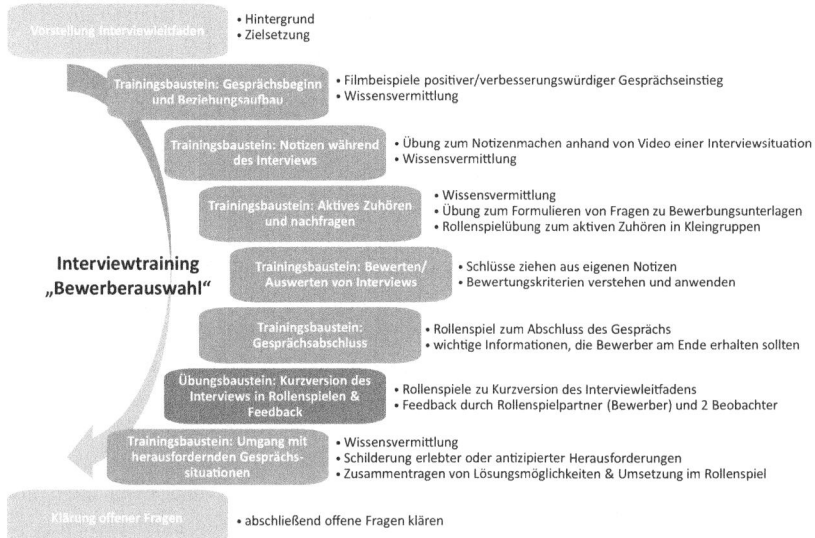

Abb. 5.3 Beispielhafter Ablauf eines Interviewtrainings

Wie wirksam sind Interviewtrainings? Zu dieser Frage liegen insbesondere für Einstellungsinterviews verschiedene empirische Befunde vor (für eine generelle Diskussion zum Aufbau und zur Wirksamkeit von Interviewtrainings siehe Lessler et al. 2008). Dabei gilt es zwischen Trainingsmaßnahmen, die darauf abzielen, Eigenschaften von Interviewenden zu verändern, um sie möglichst nahe an das Idealprofil einer oder eines guten Interviewenden zu bringen (hohe sprachliche und soziale Intelligenz, Realismus, Humor, Flexibilität, Bildung, kulturelles Interesse) und solchen Trainings zu unterscheiden, bei denen es in erster Linie darum geht, ein strukturiertes Interviewverfahren möglichst sachgerecht anzuwenden. Nach der Durchsicht einschlägiger empirischer Studien kommt Schuler (2018) für Einstellungsinterviews zu einem differenzierten Resümee zur Wirksamkeit von Interviewtrainings: Erfolglos sei zwar der Versuch, „grundlegende Eigenschaften von Interviewern und basale Prozesse der Informationsverarbeitung zu verändern, um ein unzulängliches Interviewverfahren zu retten" (S. 295). Demgegenüber führen Trainings, die auf strukturierten Interviews basieren und verschiedene Erfolgskriterien explizit definieren, nachweislich zu einer Verbesserung der Objektivität und Validität von Einstellungsinterviews.

Da Einstellungsinterviews das am häufigsten eingesetzte Instrument zum Treffen von Personalentscheidungen darstellen, hat Strobel (2009) ein „Diagnoseinstrument zur Erfassung der Interviewerkompetenz in der Personalauswahl" (DIPA) entwickelt und in mehreren Studien evaluiert. Es soll der Qualitätssicherung und strukturierten Evaluation von Personalauswahlgesprächen sowie der Qualitätsverbesserung von Einstellungsinterviews dienen. So kann mit dem DIPA das Vorgehen und die Kompetenz der Interviewenden für den gesamten Prozesses der Planung, Durchführung und Auswertung von Einstellungsinterviews auf einer vierstufigen Skala bewertet und anschließend mit einem Idealprofil verglichen werden. Interviewende werden anhand von Sachkenntnissen sowie deren korrekter Umsetzung im Interview bewertet und erhalten so Feedback, welches Verbesserungspotenzial besteht. Das Verfahren kann auch dazu eingesetzt werden, um die Qualität von Zusammenfassungen und Auswertungen über mehrere Interviews zu prüfen. Das DIPA kann zur Selbst- und Fremdbewertung, individuell oder im Gruppensetting verwendet werden. Das Verfahren wurde unter Berücksichtigung der DIN 33430 entwickelt und kann auch als Grundlage für Trainings erfahrener wie auch neuer Interviewer_innen dienen.

Gütekriterien von Interviews 6

Bei der Frage nach den Gütekriterien der Interview-Methode müssen mehrere Aspekte berücksichtigt und dementsprechend differenzierte Antworten gegeben werden. Zunächst ist zu diskutieren, inwieweit sich die klassischen Testgütekriterien, also Objektivität, Reliabilität und Validität, überhaupt auf die Interview-Methode übertragen lassen. Sollte die Übertragung nur eingeschränkt möglich sein, stellt sich die Frage, ob für Interviews ganz andere Gütekriterien gelten sollten. Solche Aspekte und Fragen sind Gegenstand des Abschn. 6.1. In den vorherigen Kapiteln wurde an verschiedenen Stellen bereits angedeutet, dass sich die klassischen Gütekriterien bei standardisierten Interviews besser ermitteln lassen und befriedigende bis gute Werte aufweisen. Deshalb wird im Abschn. 6.2 speziell auf Gütekriterien von standardisierten Interviews eingegangen.

6.1 Übertragung der Testgütekriterien auf Interviews

Die Übertragbarkeit der klassischen Testgütekriterien auf die psychologische Anamnese (vgl. Abschn. 1.1.3) ist von Schmidt und Keßler (1976, S. 96 ff.) ausführlich und differenziert erörtert worden. Anamnesen stellen zwar eine spezielle Klasse mündlicher Befragungen dar; die Überlegungen von Schmidt und Keßler (1976), an denen wir uns im Folgenden orientieren, lassen sich aber auch auf die Interview-Methode im Allgemeinen anwenden.

6.1.1 Objektivität

Objektivität wird in der klassischen Testtheorie nach den Aspekten Auswertungs-, Durchführungs-, und Interpretationsobjektivität differenziert und kennzeichnet die Unabhängigkeit der Ergebnisse eines Tests von der bzw. dem Untersuchenden (Lienert und Raatz 1998). Übertragen auf Interviews wären diese objektiv, wenn eine Unabhängigkeit der Interviewergebnisse von der Person der Interviewerin/des Interviewers besteht. Dieses Gütekriterium kann am ehesten gewährleistet werden, wenn die Durchführung, Auswertung und Interpretation eines Interviews weitest möglich standardisiert werden, sodass unterschiedliche Interviewende im Idealfall zum selben oder einem sehr ähnlichen Ergebnis kommen.

Schmidt und Keßler (1976) nennen für Interviews drei weitere Objektivitätsaspekte: a) die Aufzeichnungsobjektivität, b) die *intra*personelle Objektivität und c) die *inter*personelle Objektivität. Die Aufzeichnungsobjektivität kann insbesondere dann gefährdet sein, wenn ein Interview nicht mit Hilfe audiovisueller Medien mitgeschnitten wird. Die *intra*personelle Objektivität meint das Ausmaß, in dem das Verhalten einer Interviewerin oder eines Interviewers bei der Durchführung, Aufzeichnung, Auswertung und Interpretation einer Befragung vorhergesagt werden kann oder wegen systematischer Fehler, Vorurteilen, persönlichem Interviewstil etc. nicht vorhergesagt werden kann. Die *inter*personelle Objektivität oder *Konkordanz* hängt von der Übereinstimmung mehrerer Interviewer_innen ab und wird natürlich auch von der intrapersonellen Objektivität beeinflusst. Die interpersonelle Objektivität ist eigentlich nur eine andere, auf Interviews bezogene, Bezeichnung für Aspekte der Durchführungs-, Auswertungs- und Interpretationsobjektivität. Schmidt und Keßler schlagen vor, die intra- und die interpersonelle Objektivität durch unabhängige Ratings mehrerer Beobachter_innen zu prüfen. Diese sollen jeweils ein Interview, das von mehreren Interviewenden oder mehrere Interviews, die von der-/demselben Interviewenden durchgeführt wurden, einschätzen.

Wie hoch fällt die Objektivität bei Interviews aus? Fisseni (2004, S. 163) listet zehn Studien auf, in denen die Auswertungsobjektivität bei zwei oder mehreren Interviewenden mit Hilfe eines Übereinstimmungsmaßes bestimmt wurde (Cohen's Kappa). Demnach schwanken die Kappa-Werte zwischen −0,30 und 0,94. Diese Kappa-Werte bedeuten, dass die Auswertungsobjektivität schwankt zwischen kleiner als eine zufällige Übereinstimmung (−0,30) und fast perfekter Übereinstimmung (0,94).

6.1.2 Reliabilität

Reliabilität ist ein Maß für die Genauigkeit, mit der ein Verfahren unabhängig von der Messintention ein Merkmal erfasst. Zentral ist die Unterscheidung zwischen Reliabilität im Sinne interner Konsistenz und im Sinne der Retest-Reliabilität eines Merkmals, wie im Folgenden genauer erläutert wird.

Die *interne Konsistenz* quantifiziert die Gleichwertigkeit der Antworten auf verschiedene Teile (Items) eines homogenen Messinstruments und wird bei klassischen Tests entweder mit dem Alpha-Koeffizienten von Cronbach oder als split-half-Reliabilität ermittelt. Die interne Konsistenz spielt nach Schmidt und Keßler (1976) bei Interviews bzw. Anamnesen eine untergeordnete Rolle. Nach Fisseni (2004, S. 165) macht es in der Regel wenig Sinn, die *gesamten* Fragen und Antworten einer Befragung im Hinblick auf ihre Konsistenz zu untersuchen, da nicht zu erwarten ist, dass in einem längeren Gespräch mit unterschiedlichen Themen, homogene Antworten resultieren. Allerdings könne für kürzere Interviewabschnitte eine Bestimmung der internen Konsistenz in Erwägung gezogen werden. Im Grunde geht es dann darum, zu ermitteln, ob Probandinnen und Probanden auf ähnliche Fragen zu verschiedenen Facetten eines Merkmals, ungefähr dasselbe antworten. In der klassischen Testtheorie bedeutet „ungefähr dasselbe" eine ähnliche quantitative Einschätzung auf qualitativ vorgegebene Aussagen. Im Interview aber werden qualitative Aussagen von der Probandin bzw. vom Probanden generiert. Diese müssten dann hinsichtlich ihrer Ähnlichkeit eingeschätzt und abschließend quantifiziert werden. Möglich ist solch ein Vorgehen am ehesten, wenn bereits Kategorien mit Ratingskalen vorliegen, denen die Aussagen einer Versuchsperson zugeordnet und auf denen Einschätzungen vorgenommen werden können. Fisseni (2004, S. 164 f.) gibt dazu ein Beispiel: Er berechnet die interne Konsistenz des Konstrukts „Kontakte" bei Interviews mit in Altersheimen lebenden Frauen anhand von acht Kategorien (u. a. persönlicher Briefverkehr; Kontakte zu eigenen Kindern, zu Angehörigen; regelmäßige telefonische Kontakte), zu denen jeweils Einschätzungen auf einer achtstufigen Skala vorliegen (1 = wenig Kontakt, 8 = reger Kontakt).

Die Retest-Reliabilität kennzeichnet in der klassischen Testtheorie die Stabilität eines gemessenen Merkmals über die Zeit und wird mit Hilfe der Retest-Korrelation bestimmt. Übertragen auf Interviews bedeutet Retest-Reliabilität, dass die Aussagen einer befragten Person zu einem Gegenstand zum Zeitpunkt a mit den Aussagen derselben befragten Person zum selben Gegenstand zum Zeitpunkt b übereinstimmen. Die Retest-Reliabilität in Interviews ist (trivialerweise) vor allem bei „harten" Daten gegeben, z. B. der Anzahl der Kinder, der

Geschwisterstellung, dem Schulbesuch etc. Eine hohe Retest-Reliabilität ist weder im Interview noch im Fragebogen zu erwarten, wenn sich Merkmale über die Zeit ändern, z. B. Verhaltensweisen, Einstellungen, organische Symptome etc. Ändern kann sich auch die Wahrnehmung bzw. Bewertung eines Gegenstands, beispielsweise lernt eine Person im Laufe der Zeit neue Perspektiven kennen, die zu veränderten Aussagen führen können. Zudem bewegen sich Interviews an der Grenzen zwischen Diagnostik und Intervention und können die Selbstreflexion der interviewten Person anregen, was zu anderen Antworten auf die gleichen Fragen zu einem späteren Zeitpunkt führen kann. Insbesondere bei Fragen mit starkem Interventionscharakter, wie der Wunderfrage (vgl. Abschn. 1.1.4), ist eine geringere Retest-Reliabilität zu erwarten. Fisseni (2004, S. 166) berichtet nach Durchsicht von neun Studien zu Interviewdaten Retest-Reliabilitäten zwischen 0,67 und 0,99. In einigen Studien wurden auch interne Konsistenzen berechnet, die zwischen 0,43 und 0,81 schwanken.

6.1.3 Validität

Die Validität oder Gültigkeit eines Tests gibt an, ob der Test dasjenige Merkmal, das er zu messen beabsichtigt, auch tatsächlich erfasst. Kurz: Misst der Test, was er messen soll? In der klassischen Testtheorie werden verschiedene Validitätsarten unterschieden, die im Folgenden auf die Interview-Methode übertragen werden.

Die *Augenscheinvalidität* bezieht sich auf testinhaltliche Aspekte und sagt aus, ob Laien bzw. Probandinnen und Probanden die Passung der Testaufgaben und dem zu erfassenden Konstrukt erkennen. Im Interview kennzeichnet sie die Bedeutung, die ein Befragter oder eine Befragte einer Frage zuschreibt, also die Art und Weise, wie die interviewte Person eine Frage versteht. Die Augenscheinvalidität gibt im Interview also an, wie transparent eine Frage formuliert ist.

Inhaltsvalidität bezeichnet, inwiefern ein Testinstrument das interessierende Konstrukt vollständig erfasst. Fragen eines Interviews sind inhaltsvalide, wenn sie den von Interviewentwicklerinnen und -entwicklern gemeinten Fragegegenstand repräsentieren und damit ein zu explorierender Bereich in seinem ganzen Bedeutungsumfang erfasst werden kann. Inhaltvalidität setzt Transparenz voraus, d. h. Fragen manipulativer Art oder unklarer Zielstellung sind ungeeignet. Die Inhaltsvalidität von Interviewfragen kann über Expertinnen- und Expertenurteile eingeschätzt werden.

In der klassischen Testtheorie beschreibt *Kriteriumsvalidität* die Korrelation zwischen dem Testwert und einem Kriterium. Unterschieden werden die konkurrente Validität bzw. Übereinstimmungsvalidität und die prädiktive Validität bzw. Vorhersagevalidität. Übertragen auf das Interview ist konkurrente Validität dann gegeben, wenn eine Interviewaussage mit einem gleichzeitig vorliegenden Kriterium übereinstimmt. So kann die Aussage einer befragten Person zu einer Krankheit mit dem zugleich vorliegenden Bericht ihrer Ärztin/seines Arztes abgeglichen werden. Es können dann valide positive bzw. negative Aussagen (Krankheit liegt nach Interviewaussage und Arztbericht vor bzw. nicht vor) sowie falsch positive (Krankheit laut Interviewaussage vorhanden, laut Arztbericht nicht vorhanden) und falsch negative Aussagen (Krankheit laut Interview nicht vorhanden, laut Arztbericht vorhanden) unterschieden werden. Sind die Interviewaussagen mit Hilfe eines Kategoriensystems bzw. auf Anforderungsdimensionen quantitativ eingeschätzt worden (z. B. Einschätzung der sozialen Kompetenz auf einer Skala), können auch Korrelationen zu weiteren quantifizierten Merkmalen, die bereits vorliegen oder in der Zukunft (also nach dem Interview) ermittelt werden können, bestimmt werden. Korrelationen mit zukünftigen Merkmalen indizieren die prädiktive Validität, die z. B. zwischen Zulassungsinterviews zum Studium und den Klausur- bzw. Prüfungsnoten bestimmt werden können. Ob Interviews bei dieser Fragestellung prädiktive Validität aufweisen, erfahren Sie am Ende des Abschn. 6.2.

Die *inkrementelle Validität* gibt den Zuwachs (Inkrement = Zuwachs) an Varianzaufklärung in einem Kriterium an, der resultiert, wenn ein Verfahren zusätzlich zu einem anderen Verfahren eingesetzt wird. Beispielsweise könnte man die Frage stellen, ob ein Interview eine zusätzliche Vorhersageleistung für das Kriterium Studienerfolg bringt, die über die Vorhersage durch einen Intelligenztest oder durch Schulnoten hinausgeht.

Bei der *Konstruktvalidität* handelt es sich um einen Validierungsprozess, in dem die Übereinstimmungen zwischen dem Testscore und einem nomologischen Netz ermittelt werden. Es geht darum, Hypothesen zur Art und Stärke des Zusammenhangs zu konvergenten und divergenten Variablen zu überprüfen, die auch mit anderen diagnostischen Verfahren erfasst wurden. Aussagen im Interview können demnach als eine Datenquelle neben Fragebogen-Daten, psychophysiologischen und Verhaltensdaten im Prozess der Konstruktvalidierung herangezogen werden.

Im Rahmen des qualitativen Paradigmas wurden spezielle Validitätsarten für qualitative Verfahren vorgeschlagen, da die Kriterien der klassischen Testtheorie insbesondere für weniger standardisierte Interviews als nicht anwendbar erachtet werden. Zwei Beispiele für solche qualitativen Validitätsarten sind die kommunikative und die Handlungsvalidierung.

Die *kommunikative Validierung,* die manchmal auch konsensuelle oder dialogische Validierung genannt wird, besteht darin, einer bzw. einem Befragten die

Interpretationen der Interviewerin oder des Interviewers bzw. der Auswerterin oder des Auswerters vorzulegen. Die/der Befragte soll dann den Grad seiner Zustimmung bzw. Ablehnung formulieren. Allgemeiner gesagt, geht es darum, inwieweit sich mehrere Personen auf den Bedeutungsgehalt der erhobenen Daten einigen können. So kann die oder der Forschende beispielsweise in einem Interview, das auf eine Modellentwicklung zu Kreativität abzielt, versuchen, die Antworten einer oder eines Befragten zeichnerisch in eine erste Modellskizze zu überführen und somit das von ihr/ihm Verstandene visualisieren und Zusammenhänge bildlich darstellen. Im nächsten Schritt wird diese Modell-Skizze der bzw. dem Interviewten vorgelegt, mit ihr bzw. ihm besprochen und entsprechend modifiziert oder weitergeführt. So entsteht aus den Antworten der bzw. des Befragten schrittweise ein Kreativitäts-Modell, zu dem die Interviewerin oder der Interviewer weitere Fragen formulieren kann, bis das gezeichnete Modell für beide stimmig und nachvollziehbar ist (vgl. Jacob 2018).

Die *Handlungsvalidierung* ist mit der konkurrenten Validität vergleichbar. Sie zielt darauf ab zu ermitteln, inwieweit Aussagen über Verhalten mit dem tatsächlichen Verhalten übereinstimmen. Anders formuliert soll bestimmt werden, ob empirisch nachweisbare Zusammenhänge zwischen der Rekonstruktion subjektiver Erfahrungen und beobachtbarem Verhalten vorliegen. Ein Beispiel dafür kann ein Coaching-Prozess sein. Zu Beginn des Coachings wird meist ein halbstrukturiertes Interview zur aktuellen beruflichen Situation der am Coaching teilnehmenden Person, ihrem Selbstbild bspw. als Führungskraft sowie ihren Zielen im Coaching geführt. Im Laufe des mehrmonatigen Coachings lernt die coachende Person die teilnehmende Person immer besser kennen, zieht weitere Instrumente und Tools hinzu, wie z. B. ein 360°-Feedback (Gegenüberstellung von Selbst- und Fremdbild durch Befragung von Vorgesetzten, Kolleginnen und Kollegen, Mitarbeitenden und ggf. Kundinnen und Kunden) oder Rollenspiele und kann damit eine Handlungsvalidierung erzielen. So kann sich darin zeigen, dass der/die Coaching-Teilnehmer_in zwar meint, einen bestimmten Führungsstil anzuwenden, dies jedoch anhand seines 360°-Feedbacks oder auch im Rollenspiel nicht bestätigt wird.

Die referierten Befunde zur Objektivität, Reliabilität und Validität von Interviews sind heterogen, denn es lassen sich sowohl Studien finden, in denen niedrige Koeffizienten für jedes der drei Gütekriterien resultierten, als auch Studien mit hohen Koeffizienten. Insgesamt ist den resümierenden Schlussfolgerungen Fissenis (2004, S. 167) zuzustimmen, nach denen Interviews die Erfassung objektiver, reliabler und valider Informationen zwar ermöglichen, aber nicht garantieren. Allerdings sind auch weniger quantifizierbare Aspekte zu berücksichtigen, die die Durchführung von Interviews begünstigen können (vgl. Trost 1996,

S. 483 f.): Interviews erlauben einen persönlicheren Kontakt zu Probandinnen bzw. Probanden, Bewerberinnen und Bewerbern oder Klientinnen und Klienten, als es bei der bloßen Administration eines Fragebogens der Fall ist. Zudem kann man im Interview leichter sicherstellen, dass alle Fragen von der interviewten Person auch richtig verstanden wurden. Bei Fragebögen ist dies nicht unbedingt der Fall, zudem können Antwortskalen nicht immer die gewünschte Antwortoption der Probandinnen bzw. Probanden abbilden und invertierte Items werden gerade bei längeren Fragebögen nicht immer korrekt angekreuzt (um nur einige Vorteile des Interviews aufzuzeigen). Insbesondere bei Bewerbungsgesprächen – die hinsichtlich ihrer Präferenz an der Spitze der Auswahlverfahren stehen – wird es auch immer darum gehen, mehr oder weniger explizit abzuschätzen, ob man sich eine zukünftige Zusammenarbeit mit einer sich bewerbenden Person vorstellen kann. Schließlich werden Interviews gerade von den befragten Personen in der Regel sehr gut und oft besser akzeptiert als Fragebögen oder Verfahren, die Intelligenztests ähneln (siehe Schuler 2018).

6.2 Gütekriterien bei standardisierten Interviews

Grundsätzlich gilt, dass mit zunehmender Standardisierung und Strukturierung eines Interviews auch die Qualität im Sinne der klassischen Gütekriterien besser erreicht werden kann. Im Folgenden werden die Gütekriterien einiger standardisierter Interviewverfahren in verschiedenen Anwendungsbereichen referiert und einzelne Ergebnisse aus Meta-Analysen vorgestellt.

Zur Klassifikation klinisch relevanter Störungsbilder wird das bereits erwähnte Strukturierte Klinische Interview für DSM-5 eingesetzt (SCID-5-CV, Beesdo-Baum et al. 2019a). In einer Übersichtsarbeit von Segal et al. (1994) werden Ergebnisse zur Auswertungsobjektivität und Retest-Reliabilität des SKID (damals noch auf DSM-III-R bezogen) berichtet. Die Auswertungsobjektivität (Übereinstimmung zwischen Beurteilenden, berechnet mit dem Kappa-Koeffizienten) hängt von den Diagnosen ab: Bei Persönlichkeitsstörungen schwanken die Übereinstimmungen in fünf verschiedenen Studien zwischen .43 und 1,00, wobei die Übereinstimmungen bei 62,86 % der berichteten Kappa-Koeffizienten als „gut" geltende Werte größer oder gleich .70 erreichen. Bei den Achse-I-Störungen (Klinische Störungen, z. B. Phobien, Depression) werden Übereinstimmungen größer oder gleich .70 dagegen bei 83 % der berichteten Kappa-Koeffizienten erreicht. Niedrige Werte für die Auswertungsobjektivität werden teilweise auf die mehr oder weniger präzisen Operationalisierungen der Störungen im DSM zurückgeführt. Für die Retest-Reliabilität der Achse-I-Störungen resultierte in einer Studie ein mittlerer Kappa-Koeffizient von .61 über 390 Patientinnen und Patienten und 21 Störungen. Bei 202 Nicht-Patientinnen und Nicht-Patienten resultierte eine Retest-Reliabilität von lediglich .37, wobei 16 verschiedene klinische Diagnosen gestellt wurden. Die Diagnosen hingen in erheblichem Ausmaß davon ab, wer das Interview durchführte und auswertete.

Im Bereich der *Eignungsdiagnostik* resultierte für das Multimodale Einstellungsinterview (Schuler 2018) eine interne Konsistenz von .82 und prognostische Validitäten zwischen .30 und .50 in verschiedenen Studien. McDaniel et al. (1994) haben in einer Metaanalyse für insgesamt 187 Koeffizienten eine durchschnittliche Auswertenden-Übereinstimmung bei strukturierten Interviews zur Personalauswahl von .84 ermittelt; für unstrukturierte Interviews betrug die Auswertenden-Übereinstimmung .68.

In einer weiteren Metaanalyse von Salgado und Moscoso (2002) wurden konventionelle und verhaltensbezogene Interviews verglichen. In den konventionellen Interviews wurde eher nach Selbsteinschätzungen der relevanten Anforderungsdimensionen gefragt, in den verhaltensbezogenen Interviews nach vergangenem Verhalten und Verhalten in hypothetischen Situationen. Beide Interviewarten unterscheiden sich nicht nur in der Art der Fragen, sondern auch darin, was sie zusätzlich erfassen. Verhaltensbezogene Interviews korrelieren höher mit sozialen Fertigkeiten und weniger mit Intelligenz als konventionelle Interviews. Je höher die sozialen Fertigkeiten der Befragten, desto positiver fiel das Eignungsurteil aus. Da verhaltensbezogene Interviews nur mäßig mit Intelligenz (.28) korrelieren, besteht die Chance für einen zusätzlichen Beitrag zur Varianzaufklärung (inkrementelle Validität). So berichten Schmidt und Hunter (1998) von einem Validitätszuwachs beim Kriterium Berufserfolg von .51 (nur Intelligenz) auf .63 (Intelligenz plus strukturiertes Interview) und beim Kriterium Ausbildungserfolg von .56 (nur Intelligenz) auf .59 (Intelligenz plus strukturiertes Interview).

Insgesamt kommen Schmidt-Atzert und Amelang (2012, S. 332) im Hinblick auf die Validität von eignungsdiagnostischen Interviews zu folgenden Bewertungen:

1. Die Validität von eignungsdiagnostischen Interviews kann nicht damit erklärt werden, dass die Validierung an subjektiven Kriterien (meist Vorgesetztenbeurteilungen) erfolgt. Der Zusammenhang mit objektiven Kriterien des Berufserfolgs ist mindestens genauso hoch wie mit subjektiven Kriterien.
2. Strukturierte Interviews sind unstrukturierten überlegen.
3. Validitäten fallen niedriger aus, wenn mehrere Interviewende beteiligt sind.

4. Verhaltensbeschreibende Interviews (Fragen zu zurückliegendem realen Verhalten) sind den situativen Interviews (Fragen zu hypothetischen Situationen) überlegen.
5. Die Validität, insbesondere des biografischen Interviews, verbessert sich, wenn Bewerber_innen auf verhaltensverankerten Skalen beurteilt werden.

Noch positiver fällt ein Resümee von Schuler (2018) aus:

> Es lässt sich aber sagen, dass strukturierte Interviews hinsichtlich ihrer Validität mit den besten anderen Auswahlverfahren in Konkurrenz treten können, namentlich mit Intelligenztests und Arbeitsproben. Auch sind strukturierte Arbeitsproben und Integritätstests diejenigen Verfahren, welche die höchste inkrementelle Validität gegenüber Intelligenztests aufweisen, d.h. deren zusätzliche Verwendung den höchsten Zusatznutzen erwarten lässt (was für unstrukturierte Interviews nicht gilt, insofern bleibt diesbezüglich die erhebliche Nutzendifferenz bestehen). (S. 213)

Diese insgesamt eher positiven Einschätzungen von strukturierten Eignungsinterviews gelten aber nicht generell. In einer Metaanalyse zur Validität von Auswahlgesprächen im Rahmen der Hochschulzulassung (Hell et al. 2007) wurden k = 44 Einzelstudien einbezogen. Die Auswahlgespräche wurden als Prädiktor, die Studiennoten als Erfolgskriterien herangezogen. Die mittlere korrigierte Validität beträgt für strukturierte Auswahlgespräche lediglich r = .16, bei unstrukturierten Gesprächen sogar nur r = .11. Die inkrementelle Validität gegenüber Schulnoten und Studierfähigkeitstests ist gering bis sehr gering: .522 für Schulnoten *und* Interviews gegenüber .517 (*nur* Schulnoten) sowie .502 für Studierfähigkeitstests *und* Interviews gegenüber .478 (*nur* Studierfähigkeitstests). Diese Befunde stehen im Widerspruch zur subjektiven Einschätzung der Aussagekraft und Beliebtheit des Interviews. Allerdings weisen die Autorinnen und Autoren der Studie darauf hin, dass Auswahlgespräche im Rahmen der Hochschulzulassung bei anderen Erfolgskriterien (also nicht den Studiennoten) möglicherweise eine größere Aussagekraft aufweisen. So könnten sich Informationen über die Studieninhalte und -bedingungen im Sinne einer realistischen Tätigkeitsinformation im Laufe des Auswahlgesprächs eventuell positiv auf das Erfolgskriterium „fehlender Studienabbruch" auswirken.

Auswertung von Interviews 7

Interviews liefern primär verbale Daten, die inhaltlich auf verschiedene Weisen analysiert und ausgewertet werden können. Darüber hinaus lassen sich auch paraverbale Aspekte (Stimmqualität, Sprechgeschwindigkeit, Pausen, etc.) und das nonverbale Verhalten (Mimik, Gestik, Körperhaltung etc.) mit geeigneten Beobachtungsverfahren mehr oder weniger differenziert analysieren. Dieses Kapitel gliedert sich wie folgt: In den Abschn. 7.1 und 7.4 werden zwei Methoden der quantitativen Analyse von verbalen Interviewdaten vorgestellt, die quantitative Einschätzung der Antworten und die quantitative Textanalyse. Zwei qualitative Ansätze zur Auswertung von Interviews, die thematische Zusammenfassung der verbalen Daten und die qualitative Inhaltsanalyse, sind Gegenstände der Abschn. 7.2 und 7.3. Der letzte Abschn. 7.5 verdeutlicht das Potenzial der Analyse von non- und paraverbalen Daten, die bei Face-to-Face-Interviews neben den verbalen Daten zur Verfügung stehen.

7.1 Quantitative Einschätzung der Antworten

Interviewantworten lassen sich auf zuvor festgelegten Merkmals- oder Anforderungsdimensionen quantitativ einschätzen. Solche Einschätzungen werden insbesondere bei standardisierten Interviews vorgenommen, die in der klinischen Psychologie und Beratung sowie bei Gesprächen zur Personalauswahl zum Einsatz kommen. So wird von Taylor und O'Driscoll (1995, zitiert nach Schuler 2018) vorgeschlagen, geforderte Kompetenzen (z. B. Durchsetzungsfähigkeit, Entscheidungsverhalten, Stressresistenz), die in einem standardisierten Interview z. B. mit verhaltensbezogenen Fragen erfasst werden, auf einer fünfstufigen Skala mit folgenden verbalen Ankern einzuschätzen:

- 1 = weit unter den Anforderungen
- 2 = knapp unter den Anforderungen
- 3 = erfüllt die Anforderungen
- 4 = knapp über den Anforderungen
- 5 = weit über den Anforderungen.

Idealerweise sollten die Abstufungen und ihre verbalen Anker noch genauer mit Beispielen expliziert sein, die angeben welche Verhaltensweisen z. B. eine Einschätzung „Durchsetzungsfähigkeit knapp unter den Anforderungen" rechtfertigen. Wenn solche Einschätzungen vorgenommen werden, spielt sicherlich nicht nur der Inhalt der Antworten der sich Bewerbenden eine Rolle, sondern auch die Art und Weise, wie die Antworten non- und paraverbal präsentiert werden (vgl. hierzu Abschn. 7.5). Es wird also auch das Verhalten der Bewerberin bzw. des Bewerbers in der Interviewsituation – mehr oder weniger explizit – in die Einschätzung einbezogen. Selbstverständlich könnte das Verhalten auch auf explizit formulierten Dimensionen eingeschätzt werden (z. B. die Bewerberin oder der Bewerber hört aufmerksam zu).

Ein Beispiel für die Explikation der Abstufungen einer Rating-Skala in einem sogenannten Situativen Interview liefert eine Studie von Sue-Chan und Latham (2004). Das Situative Interview (Latham et al. 1980) basiert auf der Methode der kritischen Ereignisse (critical incident technique, Flanagan 1954). Dabei soll die interviewte Person beschreiben, wie sie oder er sich in hypothetischen Situationen verhalten würde, die für eine ausgeschriebene berufliche Position besonders „kritisch" im Sinne von herausfordernd sind. Solche kritischen Situationen werden von Expertinnen und Experten eines Berufsfelds identifiziert. Die Antworten der interviewten Personen werden dann auf einer fünfstufigen Skala bewertet, bei der die Extreme (1 und 5) sowie der mittlere Skalenwert (3) expliziert sind. Die Explikationen der Skalenabstufungen stammen ebenfalls von Experten_innen eines Berufsfelds oder Unternehmens. In der genannten Studie von Sue-Chan und Latham wurde ein Situatives Interview zur Vorhersage der Teamfähigkeit in einem MBA-Programm geführt. Den Interviewpartnerinnen und -partnern wurde folgende hypothetische Situation vorgegeben:

> You have been assigned to a group to complete an assignment. You feel that one of your group members is not doing any work at all, while others spend too much time gossiping. Overall, you feel that you are carrying all the weight for the group, and that no one else in the group cares very much about the project. Your professor has emphasized to you that the group must solve its own problems. What would you do? (Sue-Chan und Latham 2004, S. 314)

Die Extrempole und der mittlere Wert der fünfstufigen Ratingskala zur Beurteilung der Teamfähigkeit waren wie folgt expliziert:

> (5) Discuss my concerns with the group. Work with the group to acknowledge and identify the problem. Devise a solution to the problem agreeable to the whole group. (3) Get the group to acknowledge there is a problem and vote on the solution; OR, I would confront each member individually. (1) Do nothing; or, go to the professor with my complaints. (Sue-Chan und Latham 2004, S. 314)

Vor dem Hintergrund dieser Explikationen wurde dann je nach Antwort der Probandinnen und Probanden eine Einschätzung zwischen 1 und 5 für das Ausmaß der Teamfähigkeit vergeben.

Ein Beispiel für eine quantitative Einschätzung bzw. Kodierung von Interviewantworten im klinischen Bereich ist das Vorgehen im SCID-5-CV, dem Nachfolger des Strukturierten Klinischen Interviews für DSM-IV, Achse I: Psychische Störungen (SKID-I) nach Beesdo-Baum et al. (2019a) (vgl. Kap. 3). Im Strukturierten Klinischen Interview für DSM-5 – Persönlichkeitsstörungen (SCID-5-PD) von Beesdo-Baum et al. (2019b), dem Nachfolger des Strukturierten Klinischen Interviews für DSM-IV, Achse II: Persönlichkeitsstörungen, werden Kriterien für verschiedene Persönlichkeitsstörungen abgefragt. Die (nicht vorgegebenen) Antworten einer Probandin bzw. eines Probanden werden von der Diagnostikerin bzw. vom Diagnostiker pro Kriterium wie folgt kodiert: ? = Information nicht ausreichend, 0 = Kriterium nicht erfüllt, 1 = Kriterium unterschwellig erfüllt, 2 = Kriterium erfüllt. Bei der Kodierung der Antworten soll die diagnosestellende Person auch das Verhalten der Probandinnen und Probanden im Interview berücksichtigen.

7.2 Inhaltliche Zusammenfassung der Antworten

Wenn keine Kategoriensysteme oder Auswertungsschemata zur Verfügung stehen, kann ein Interview auch inhaltlich zusammengefasst werden. Fisseni (2004, S. 156 ff.) schlägt hierfür eine „Thematische Zusammenfassung" in drei Schritten vor, die voraussetzt, dass ein Gespräch aufgezeichnet oder als Transkript vorliegt. Der erste Schritt besteht darin, die Aufzeichnung bzw. das Transkript durchzugehen und relevante Themenbereiche zu identifizieren sowie Textstellen zu den Themenbereichen zu markieren. Im zweiten Schritt werden die Aussagen zu den Themenbereichen auf jeweils separate Blätter übertragen, um im dritten Schritt zu einem fortlaufenden Text (z. B. in einem Gutachten) verarbeitet zu werden. Dabei können die Themenbereiche in eine für die diagnostische Fragestellung passende Reihenfolge gebracht werden. Das gesamte Verfahren ist im Vergleich zu quantitativen Einschätzungen der Interviewaussagen deutlich aufwendiger. Ein Beispiel für eine thematische Zusammenfassung findet sich bei Fisseni (2004, S. 157).

Zur sprachlichen Gestaltung einer thematischen Zusammenfassung gibt Fisseni (2004, S. 156) folgende Hinweise:

Die thematische Zusammenfassung gibt die Schilderung des Probanden *genau*, aber *gekürzt* wieder. Dabei sollte die Wiedergabe die Sicht des Probanden beibehalten, sie sollte seine subjektive Schilderung zu erkennen geben.
- Der Sprachduktus des Probanden sollte, soweit möglich, erkennbar bleiben, etwa seine Wortwahl oder sein Satzbau.
- Am Beginn kann der Auswerter das Verhalten des Probanden kennzeichnen, z. B. „Er ging auf Fragen nicht ein." – „Er mied jeden Blickkontakt."
- Zur Kennzeichen der mittelbaren Wiedergabe sollte man die Aussagen *im Konjunktiv* referieren, z. B. „Er berichtete, er habe seinen Bruder nie gemocht."
- Unstrittige Angaben erscheinen im Indikativ, z. B. Alter, Beruf, Namen usw.
- Für die Gliederung empfiehlt es sich, biografische Angaben chronologisch zu berichten, dagegen Aussagen über die augenblickliche Situation thematisch zu ordnen.
- Zitate bitte sparsam verwenden, beispielsweise nur, wenn sie für eine Aussage charakteristisch sind (aber für den Probanden nicht verletzend).

Eine *Interpretation* der Exploration ist ein zusätzlicher Auswertungsschritt; sie kann als Zusammenfassung am Schluss erscheinen. (Fisseni 2004, S. 156, Hervorhebungen im Original). In ähnlicher Weise hat Westhoff (2009) ein systematisches, regelgeleitetes Vorgehen für die qualitative Auswertung von (Einstellungs-)Interviews im Entscheidungsorientierten Gespräch (EOG) vorgeschlagen.

7.3 Qualitative Inhaltsanalyse

Die Inhaltsanalyse ist eine noch wesentlich aufwendigere und differenziertere Form der Aufbereitung des Inhalts eines Interviews als die eben vorgestellte thematische Zusammenfassung. Die nachfolgend präsentierte Form ist aus zeitlichen und ökonomischen Gründen für die Anwendungspraxis häufig nur dann geeignet, wenn ein bereits generiertes Kategoriensystem (das zentrale Ergebnis einer Inhaltsanalyse) zur Kodierung von Interview-Antworten herangezogen werden kann. Die Erstellung eines solchen Kategoriensystems ist ein höchst aufwendiger Prozess, der eigentlich nur in Forschungsprojekten, die über geeignete Ressourcen verfügen, geleistet werden kann. In der folgenden Kurzdarstellung orientieren wir uns an dem Buch von Rustemeyer (1992). Eine ausführliche Darstellung der Inhaltsanalyse, die in Auszügen auch online zur Verfügung steht, hat Neuendorf (2017) vorgelegt. Ein weiteres verbreitetes Verfahren zur Interview- und Textauswertung ist die qualitative Inhaltsanalyse nach Mayring (2010), die in den 1980er Jahren im Rahmen eines Forschungsprojekt entwickelt wurde und insgesamt 11 Schritte umfasst.

7.3.1 Definition und Voraussetzungen der Inhaltsanalyse

Die Inhaltsanalyse ist eine systematisch-intersubjektive Beschreibung des Bedeutungsinhaltes von Texten aller Art (Interviews, Zeitungsartikel, Reden, Dokumente, Romane, …). In dieser Definition von Rustemeyer (1992, S. 12) werden zwei methodologische Zielkriterien formuliert, denen eine Inhaltsanalyse genügen muss: Systematik und Intersubjektivität. Diese beiden Kriterien werden grob gesagt durch folgende Vorgehensweise umgesetzt:

> Die Intersubjektivität des Verstehens einer Text-„Botschaft" wird angezielt, indem einzelne Textteile systematisch daraufhin geprüft werden, ob und wie sie sich zu bestimmten herausgearbeiteten Bedeutungsaspekten bzw. -kategorien zuordnen lassen. (Rustemeyer 1992, S. 12 f.)

Eine qualitative Inhaltsanalyse ist u. a. deswegen sehr aufwendig sowie zeit- und kostenintensiv, weil der Text in schriftlicher Form vorliegen muss. Aufgezeichnete Interviews müssen transkribiert werden, was je nach der Länge und Anzahl sehr viel Zeit in Anspruch nehmen kann. Nach den Erfahrungen der Autorin und des Autors benötigen selbst Personen, die das 10-Fingersystem beherrschen und schnell tippen können, für ein einstündiges Interview etwa drei Stunden Transkriptionszeit. Sollen neben dem reinen Inhalt zusätzlich auch paraverbale Aspekte erfasst werden (Versprecher, Lautstärkeänderungen, Lachen etc.), verlängert sich die Transkriptionszeit. Zudem empfiehlt es sich, einen Transkriptionsleitfaden zu erstellen, der festlegt, welche paraverbalen Aspekte in welcher Form transkribiert werden. Für die Transkription sind Kopfhörer und ein Fußschalter empfehlenswert, mit dem Audiogeräte angehalten, zurückgespult und wieder auf „Play" geschaltet werden können.

Als auf den ersten Blick attraktive Alternative zur Transkription liegt mittlerweile Spracherkennungssoftware vor (z. B. Dragon Naturally Speaking der Firma

Nuance). Bis vor einigen Jahren war Spracherkennungssoftware aber noch nicht ausgereift genug, um die händische Transkription ersetzen zu können (Dresing et al. 2008). Der Spracherkennungssoftware muss zunächst eine Stimme beigebracht werden, indem bestimmte Wörter und Textteile gesprochen werden. Man kann also nicht einfach ein aufgezeichnetes Interview in das System einspielen und erhält hinterher ein fehlerfreies Transkript. Vielmehr muss eine Person, deren Stimme die Software „gelernt" hat, ein Interview Wort für Wort nachsprechen. Die Spracherkennungssoftware gibt dann einen Text aus, der dem Gesprochenen mehr oder weniger gut entspricht und auch Fehler enthält, die korrigiert werden müssen. Allerdings wird Spracherkennungssoftware immer besser und einige Firmen bieten kostenpflichtige Transkriptionen von Interviews an, die nicht von einer einzigen Stimme gesprochen werden müssen. Deshalb könnte in naher Zukunft die technologische Entwicklung so weit fortgeschritten sein, dass Spracherkennungssoftware das manuelle Transkribieren (fast) komplett ersetzen kann.

7.3.2 Ablauf einer qualitativen Inhaltsanalyse

Auswahl und Analyseeinheiten festlegen
Der erste Schritt einer qualitativen Inhaltsanalyse besteht darin, Auswahl- und Analyseeinheiten festzulegen. *Auswahleinheiten* sind diejenigen Textteile, die überhaupt in die Inhaltsanalyse einbezogen werden. Wurde beispielsweise ein Interview zum Führungsstil von Führungskräften geführt und die Auswerterin oder der Auswerter interessiert sich insbesondere für Aspekte der Kreativitäts- und Innovationsförderung im Führungskontext, so werden nur die Textteile herausgegriffen, die Fragen bzw. Aussagen zu diesen Inhalten umfassen. Wie am Beispiel deutlich wird, muss ausgehend von Fragestellungen oder Hypothesen entschieden werden, ob ein Gesamttext oder nur bestimmte Textteile in die Analyse einbezogen werden. Bei transkribierten Interviews kann z. B. festgelegt werden, dass nur die Aussagen, die zu einem bestimmten interessierenden Bereich geäußert wurden, in die Analyse einbezogen werden. In unserem Beispiel wäre es das kreativitäts- und innovationsförderliche Führungsverhalten.

Analyseeinheiten legen fest, welche formal oder inhaltlich definierten Komponenten der ausgewählten Einheiten analysiert werden sollen. Inhaltlich definierte Einheiten sind Textteile, die zu einem bestimmten Thema (von der ersten Themaerwähnung bis zum Abschluss des Themas) geäußert wurden oder aber thematische Argumentationssequenzen. Eine Analyseeinheit beginnt demnach meist mit der ersten Erwähnung eines Themas und endet mit dem Abschluss des

Themas. Bei der Inhaltsanalyse von Interviews können Leitfragen zur Definition von Analyseeinheiten herangezogen werden. So kann man die Antwort der interviewten Person auf eine Leitfrage, die für die zuvor aufgestellten Hypothesen bzw. Fragestellungen relevant sind, insgesamt als den zu analysierenden Textteil definieren. Auf unser Beispiel bezogen können Analyseeinheiten inhaltlich festgelegt werden, indem beispielsweise nur die Textkomponenten ausgewählt werden, in denen ein Interviewpartner über sein eigenes kreativitäts- und innovationsförderliches Führungsverhalten berichtet, nicht aber etwa über theoretisches Wissen, was er zum Thema berichtet oder das Führungsverhalten anderer Personen. Dasselbe gilt für Aussagen von Interviewpartnerinnen.

Analyseeinheiten können jedoch auch formal festgelegt werden, indem entschieden wird, welche grammatikalischen oder syntaktisch definierten Einheiten (z. B. Phoneme, Morpheme, Wörter, Satzstrukturen) analysiert werden sollen. In Bezug auf formale Charakteristika sind die Analyseeinheiten sehr flexibel: Werden innerhalb eines Satzes mehrere Themen angesprochen, sind die Analyseeinheiten sehr kurz; wird ein Thema sehr ausführlich erläutert, kann eine Analyseeinheit mehrere Absätze umfassen. Formal festgelegte Analyseeinheiten sind häufig mit quantitativen Textanalysen verbunden, die im Abschn. 7.4 erläutert werden.

Explikation von Kategorien
Die zentrale und schwierigste Phase einer qualitativen Inhaltsanalyse besteht in der Explikation von Kategorien, die zur Erstellung eines Kategoriensystems bzw. Kodierleitfadens führt, mit dem die interessierenden Texte analysiert werden können. Kategorien legen fest, wie Analyseeinheiten zu verstehen sind. Jeder Textbestandteil, der für die Fragestellungen relevant ist, muss einer bestimmten Kategorie zugeordnet werden.

Die Kategorienexplikation kann theoriegeleitet oder materialgeleitet erfolgen, wobei eine Kombination der beiden Vorgehensweisen die Regel sein dürfte. Bei der theoriegeleiteten Kategorienexplikation werden Konstrukte aus vorliegenden Theorien abgeleitet oder unmittelbar verwendet. So können theoretisch und empirisch fundierte Aspekte innovationsförderlichen Führungsverhaltens, wie die vier Facetten transformationaler Führung, zur Analyse unseres Interviewbeispiels herangezogen werden. Bei der materialgeleiteten Kategorienexplikation werden Kategorien aus den vorliegenden Texten extrahiert. Materialgeleitet erstellte Kategorien können bisherige theoretische Annahmen ergänzen und neue Aspekte eines Themas erschließen. In unserem Beispiel könnten dies Aspekte sein, die durch den transformationalen Führungsstil nicht explizit abgedeckt werden, von der Führungskraft jedoch erfolgreich eingesetzt werden. Unabhängig davon, ob die Kategorienexplikation theorie- oder materialgeleitet erfolgt, ist es wichtig in der Kategorienexplikation exakt zu definieren, welche Textbestandteile welcher Kategorie zugeordnet werden sollen. Oft weisen Kategorien Ähnlichkeiten bzw. Überschneidungen mit anderen Kategorien auf. Um eine eindeutige Zuordnung der Textpassagen zu gewährleisten, müssen daher Abgrenzungsregeln formuliert werden. Sie beschreiben die inhaltlichen Unterschiede zwischen verschiedenen Kategorien und legen eindeutig fest, welche Inhalte der einen bzw. der anderen Kategorie zugeordnet werden. Zu jeder Kategorie werden im Rahmen der Explikation *positive und negative Ankerbeispiele* gegeben. Es handelt sich dabei um Textstellen, die eine Kategorie besonders gut veranschaulichen bzw. deutlich machen, welche möglicherweise ähnlichen Inhalte *nicht* zu dieser, sondern zu einer abgegrenzten Kategorie gehören (negative Ankerbeispiele). Idealerweise sollten die Ankerbeispiele nicht aus dem Material stammen, das noch kodiert werden muss, sondern z. B. aus Probeinterviews. Da diese Anforderung aber nicht immer umgesetzt werden kann, muss zumindest bei der Bestimmung der Kodierer-Übereinstimmung (s. u.) dafür gesorgt werden, dass nicht zufällig Textstellen ausgewählt wurden, die in den Ankerbeispielen des Kategoriensystems enthalten sind.

Wie im Abschn. 3.2.1 angekündigt, soll an dieser Stelle zur Illustration ein Kategoriensystem zur Kodierung von Reaktionsformen (Daseinstechniken) vorgestellt werden, das in einer vom Autor dieses Buches betreuten Diplomarbeit zum Thema „Studieren mit Kind" eingesetzt wurde (Lamm 2004). Mit dem Terminus *Reaktionsform,* der den früheren Begriff „Daseinstechnik" (Thomae 1953, 1955, zitiert nach Thomae 1996, S. 112) ersetzt, bezeichnet Thomae einen

> Oberbegriff für alle instrumentellen und expressiven Antworten auf belastende Situationen [...], der darüber hinaus alle kognitiven wie praktischen, emotionalen wie physischen, ‚aktiven' und ‚passiven' Reaktionen einschließt. (Thomae 1996, S. 112)

In eigenen empirischen Studien leitete Thomae eine Liste mit Kategorien ab, die Reaktionsformen auf alltägliche und krisenhafte Belastungen explizieren. Diese Kategorien bildeten den Ausgangspunkt für die Kodierung der Interviews mit insgesamt 30 Studierenden mit Kindern. Da die Reaktionsformen, die in den Studierenden-Interviews identifiziert wurden, insgesamt sehr zahlreich und vielfältig waren, musste das System von Thomae adaptiert und um vier Kategorien erweitert werden. Ausgehend vom Interviewmaterial wurden im überarbeiteten Kategoriensystem folgende Kategorien neu eingeführt: Anpassung an eigene Bedürfnisse und/oder Eigenarten; Distanzierung von anderen Personen

7.3 Qualitative Inhaltsanalyse

und/oder eigener früherer Meinung bzw. früherem Verhalten; Reduktion von Verpflichtungen und Tätigkeiten sowie Organisation und Planung. Zudem mussten einige ursprüngliche Kategorien inhaltlich angepasst werden. Eine Kategorie wurde weggelassen, weil sie für das vorliegende Material nicht relevant war. Das endgültige Kategoriensystem umfasst die folgenden 22 Kategorien für Reaktionsformen:

1. Leistung
2. Anpassung an die institutionellen Aspekte der Situation
3. Anpassung an die Eigenarten und/oder Bedürfnisse anderer
4. Anpassung an eigene Bedürfnisse und/oder Eigenarten
5. Aufgreifen von Chancen
6. Bitte um Hilfe
7. Stiftung und Pflege sozialer Kontakte
8. Zurückstellen der Befriedigung eigener Bedürfnisse
9. Sich auf andere verlassen
10. Korrektur von Erwartungen
11. (Selbst-)Behauptung/Widerstand
12. Akzeptieren der Situation
13. Positive Deutung der Situation
14. Situation den Umständen überlassen
15. Hoffnung
16. Depressive Reaktion/Enttäuschung
17. Identifikation mit den Zielen und/oder Schicksalen anderer
18. Distanzierung von anderen Personen und/oder eigener früherer Meinung bzw. früherem Verhalten
19. Evasive Reaktion/Ablenkung/Ausgleich
20. Aggression/Kritik
21. Reduktion von Verpflichtungen und Tätigkeiten
22. Organisation und Planung

Zur Veranschaulichung werden eine kürzere und eine komplexere Kategorienexplikation aus der Arbeit von Lamm (2004, S. 66 f. und 79 f.) zitiert:

Anpassung an die Eigenheiten und/oder Bedürfnisse anderer umschließt eine große Gruppe von Reaktionsformen, denen gemeinsam ist, dass echte oder vermutete Qualitäten einzelner oder auch von Gruppen zum Maßstab werden, dem sich das eigene Verhalten fügt. Diese Anpassung kann instrumentell zur

Erreichung z. B. materieller Ziele sein oder aber im Sinne prosozialen Verhaltens die „Wohlfahrt" anderer zum Ziel haben (Thomae 1996, S. 116).
Positive Ankerbeispiele:

- Und in Kunst zum Beispiel, wenn wir dann im Werkraum sind, sind da so viele gefährliche Gegenstände und so viele gefährliche Orte, dass es vom Sicherheitsaspekt halt nicht zu verantworten wäre, (Tochter) da mitzunehmen. Also solange sie halt noch so klein ist und sich nicht wirklich auf Dauer alleine beschäftigt. (Interview 1)
- Nein, ich habe das erste Semester eigentlich ganz wenig Semesterstunden gehabt. Weil ich mich auf meine Situation ... weil der (Sohn) auch noch so klein war. Und gleich in die Krippe ... und mir hat das Herz da echt geblutet, ihn irgendwie da ... Und dann habe ich ihn auch recht bald dann immer wieder abgeholt und habe wenig Semesterwochenstunden gehabt. (Interview 3)
- Weil sie [die Partnerin] auch ziemlich gestresst war dadurch [durch die Schwangerschaft] und dann war ich auch so ein bisschen beschäftigt damit, sie aufzufangen. (Interview 26)

Organisation/Planung: Mit dieser Kategorie werden Textstellen erfasst, aus denen deutlich wird, dass die Interviewpartnerin ihren Tagesablauf, ihren Stundenplan bzw. ihr gesamtes Studium organisiert und plant, also in verschiedenen Bereichen ihres Daseins eine zeitliche oder inhaltliche Abfolge von Sachverhalten bewusst festlegt. Nicht dieser Kategorie zugehörig sind Äußerungen darüber, dass die Strukturierung des Tages abhängig ist von institutionellen Gegebenheiten, wie z. B. von Öffnungszeiten der Einrichtungen zur Kinderbetreuung (vgl. Kategorie *Anpassung 1*), von den Bedürfnissen anderer Personen (vgl. *Anpassung 2*) oder von eigenen Vorlieben und Interessen (vgl. *Anpassung 3*). Mit einer solchen Strukturierung gehen häufig Absprachen mit dritten Personen (in den meisten Fällen mit dem anderen Elternteil) einher, die häufig eine Form der Arbeitsteilung implizieren, z. B. wenn der Partner der Interviewten im Haushalt einen festgelegten Teil der Pflichten übernimmt. Da die Interviewpartnerin in einem solchen Fall den anderen Teil der Hausarbeit erledigt, ist diese Arbeitsteilung von der Kategorie *Sich auf andere verlassen* zu unterscheiden. Die Explikation dieser Kategorie gilt analog für Interviewpartner.
Ankerbeispiele:

- [...] und wir mussten die Aufgaben neu verteilen und Zuständigkeitsbereiche neu klären und ... ja. (Interview 2)

7.3 Qualitative Inhaltsanalyse

- Also halt ... ich habe versucht, dass ich zwei Sachen immer unterkriege. Zwei Vorlesungen, Vorlesung und Seminar. (Interview 3)
- Ja, aber die muss ich natürlich ... das muss geplant sein, na. Das ist so ... was heißt „geplant sein", ich muss natürlich sagen „Bist du jetzt zu Hause. Ich mache jetzt mal das und das und das." (Interview 4)

„Geplant sein" kann von der Probandin oder dem Probanden auch ihr bzw. sein zukünftiges Leben im Sinne einer Lebensplanung, die in der aktuellen Situation stattfinden kann oder schon vorher stattgefunden hat, auch wenn die Umsetzung erst in der Zukunft erfolgen soll.
Ankerbeispiele:

- Also ja, und es eben auch vom Altersunterschied der Kinder einfach besser wäre. Und bis ich mit dem Studium fertig bin, das dauert ja bestimmt noch dreieinhalb Jahre. Und dann ist (Tochter) fünf und wir finden schon, dass es ein sehr großer Altersunterschied ist. Wobei dann bin ich ja erst Referendar. Ja, also von daher überlegen wir jetzt ernsthaft zurzeit, ob nicht noch so ein zweiter Zwerg schön wäre. (Interview 1)
- Ich hatte geplant schwanger zu werden und nach dem Vordiplom mein Kind zu kriegen, damit ich dann in der Prüfungszeit gegen Ende des Studiums, das Kind alt genug ist, dass ich lernen kann, und das zum Beispiel auch mal anderen Leuten geben kann. Also, es war so geplant. (Interview 2)

Organisation und Planung beinhaltet auch das Zusammenlegen zweier Aufgabenbereiche sowie das Setzen von Prioritäten.
Ankerbeispiele:

- [...] weil ich halt mit den Kindern, mein Alltag so ist, dass ich eigentlich dann mal in Ruhe hätte anrufen können, wenn die im Bett sind, aber dann wieder die Küche ausschaut. Und man dann einfach die Sachen macht, die einfach primär anstehen. (Interview 9)
- Ich meine, man muss schon mit Kind Prioritäten setzen. Und das ist momentan so, dass die (Tochter) an erster Stelle steht und dann erst mal das andere zu handeln ist. Das Studium muss halt nebenbei laufen. (Interview 27)

Anforderungen an Kategoriensysteme
Ein Kategoriensystem muss bestimmten Kriterien genügen. Die darin enthaltenen Kategorien müssen erschöpfend, saturiert und disjunkt sein:

Ein Kategoriensystem ist *erschöpfend,* wenn alle Textbestandteile, die für die Fragestellungen relevant sind, damit „abgedeckt" sind bzw. den Kategorien zugeordnet werden können. Um dieses Kriterium vollständig umzusetzen, kann eine Restkategorie eingeführt werden, die nicht zu häufig besetzt sein sollte (z. B. maximal 5–10 % des kodierten Materials).

Ein Kategoriensystem ist *saturiert,* wenn alle Kategorien durch Texteinheiten ausgefüllt sind. Dieses Kriterium muss mit zunehmender Theoriegeleitetheit relativiert werden. Es kann nämlich sinnvoll sein, ausgehend von bestimmten Hypothesen Kategorien zu explizieren, die in der vorliegenden Textstichprobe nicht abgedeckt sind, in einer anderen Stichprobe aber abgedeckt sein können (z. B. bei wiederholten Interviews vor und nach einem Training). Unser Beispiel zu den Reaktionsformen hat jedoch gezeigt, dass theoretisch abgeleitete Kategorien (in diesem Fall nach Thomae) auch weg fallen können, wenn sie im Interviewmaterial nicht zu finden sind.

Sehr wichtig und ernst zu nehmen ist das Kriterium der *Disjunktheit.* Demnach darf die Zuordnung von Textteilen nur zu einer Kategorie und nicht zu mehreren gleichzeitig erfolgen. Das Kriterium der Disjunktheit wird durch exakte Kategorienexplikationen erreicht – die gegebenenfalls auch Abgrenzungsregeln enthalten – sowie durch möglichst anschauliche positive und negative Ankerbeispiele. Allerdings kann ein- und derselbe Textkorpus mit unterschiedlichen Kategoriensystemen untersucht werden. Beispielsweise haben Laux et al. (2002) autobiografische Texte von berühmten deutschen Psychologinnen und Psychologen zunächst mit einem Kategoriensystem untersucht, das Reaktionsformen im Sinne von Thomae erfasst. In einem weiteren Analysedurchgang wurde dann ein Kategoriensystem für Selbstdarstellungsformen verwendet. Bei diesem Vorgehen wurden dann teilweise dieselben Textstellen in Abhängigkeit von der jeweiligen theoretischen Perspektive einmal im Sinne einer Reaktionsform und beim zweiten Analysedurchgang im Sinne einer Selbstdarstellungsform interpretiert. Innerhalb des jeweiligen Analysedurchgangs erfüllten die Kategorien aber das Kriterium der Disjunktheit. Bei den Kategorien der Selbstdarstellung resultierte die „Vermittlung persönlicher Kompetenz" als häufigste Form, was bei emeritierten Psychologieprofessorinnen und -professoren nicht sehr überrascht. Aber auch die Relativierung der eigenen Bedeutsamkeit sowie Understatement werden als Selbstdarstellungsstrategie eingesetzt. Ein gutes Beispiel dafür ist ein Textabschnitt von Ferdinand Merz, in dem sich Understatement mit heiterer Selbstironie paart:

> … meine Doktoranden sind inzwischen fast alle Professoren geworden. Vielleicht hätten sie ohne mich eine bessere Karriere gemacht. Ich freue mich sehr, wenn frühere Studenten darauf zu sprechen kommen, wie sie durch mich gefördert worden seien. In solchen Fällen habe ich auch nicht das Bedürfnis, zwischen Höflichkeit und Sachlichkeit zu unterscheiden. Ich freue mich selbst dann noch, wenn mir offensichtlich versehentlich Verdienste zugeschrieben werden. (in Wehner 1992, S. 199)

Übereinstimmung zwischen Kodierenden

Um das eingangs geforderte Kriterium der Intersubjektivität einlösen zu können (vgl. Abschn. 7.3.1), muss die Übereinstimmung zwischen Kodierenden ermittelt werden. Diese Intercoder-Übereinstimmung quantifiziert das Ausmaß, in dem zwei oder mehrere Kodierer_innen dieselben Textzuordnungen erzielen, wenn sie ein Kategoriensystem anwenden. Optimal, aber viel zu aufwendig, wäre die Bestimmung der Übereinstimmung zwischen Kodierenden für das gesamte Material. Insbesondere bei sehr umfangreichen Textkorpora begnügt man sich daher mit einer Zufallsauswahl von 10–15 % des Materials.

Zur Quantifizierung der Übereinstimmung wird zumeist der Kappa-Koeffizient von Cohen (1960) verwendet, der auch die Anzahl der zufällig zu erwartenden Übereinstimmungen zwischen den Kodierenden berücksichtigt: Die tatsächlich erzielte Übereinstimmung wird von der Übereinstimmung bereinigt, die man durch reines Raten erreichen würde. Kappa wird nach folgender Formel berechnet:

$$\kappa = \frac{p - p_e}{1 - p_e}$$

Zur Berechnung der erzielten Übereinstimmung p und der zu erwartenden Übereinstimmung p_e werden zunächst die Kodierungen des Auswerters und einer zweiten kodierenden Person in eine Matrix (z. B. in Excel) eingetragen, deren Diagonale die Anzahl der erreichten Übereinstimmungen enthält. Abweichende Kodierungen – wenn beispielsweise der Auswerter die Kategorie 1 vergeben hat, der zweite Kodierer jedoch die Kategorie 4 – befinden sich in den entsprechenden Zellen außerhalb der Diagonale, also in diesem Beispiel in der Zelle Auswerter_in Kat. 1/zweite Kodierer_in Kat. 4. Die absoluten Häufigkeiten aller Kodierungen werden zudem zu Zeilen- und Spaltensummen addiert (siehe Tab. 7.1).

Für die Berechnung der erzielten Übereinstimmung p und der zufällig zu erwartenden Übereinstimmung p_e werden die relativen Häufigkeiten (siehe Tab. 7.2) benötigt, die aus dem Quotienten der jeweiligen absoluten Häufigkeiten pro Zelle und der Gesamthäufigkeit resultieren, z. B. 18/430 = 0,042 (gerundet).

Die erzielte Übereinstimmung p entspricht der Summe der relativen Häufigkeiten der erreichten Übereinstimmungen, d. h. alle relativen Häufigkeiten in der Diagonale werden addiert. Im vorliegenden Beispiel wird p wie folgt berechnet:

$$p = 0{,}042 + 0{,}019 + 0{,}030, + 0{,}023\ldots$$

Tab. 7.1 Berechnung der Kodierer-Übereinstimmung – absolute Häufigkeiten

		Zweite/r Kodierer_in					
		Kat. 1	Kat. 2	Kat. 3	Kat. 4	...	SUMME
	Kategorie 1	18	0	0	1	...	19
	Kategorie 2	0	8	1	0	...	11
Auswerter_in	Kategorie 3	0	1	13	0	...	18
	Kategorie 4	0	0	0	10	...	12
	...	...	...	...	...	...	...
	SUMME	20	10	16	12	...	430

Tab. 7.2 Berechnung der Kodierer-Übereinstimmung – relative Häufigkeiten

		Zweite/r Kodierer_in					
		Kat. 1	Kat. 2	Kat. 3	Kat. 4	...	SUMME
	Kategorie 1	0,042	0	0	0,002	...	0,044
	Kategorie 2	0	0,019	0,002	0	...	0,026
Auswerter_in	Kategorie 3	0	0,002	0,030	0	...	0,041
	Kategorie 4	0	0	0	0,023	...	...
	...	...	...	...	...	...	...
	SUMME	0,047	0,023	0,037	0,028	...	1

Die zu erwartende Übereinstimmung p_e wird nach Cohen (1960) mithilfe der Randsummen berechnet. Die relative Häufigkeit jeder Zeile wird mit der relativen Häufigkeit der jeweiligen Spalte multipliziert. Anschließend werden die Werte addiert. In dem vorliegenden Beispiel wird p_e folgendermaßen berechnet:

$$p_e = \sum 0{,}044 \cdot 0{,}047 + 0{,}026 \cdot 0{,}023 + 0{,}041 \cdot 0{,}037 + 0{,}028 \cdot 0{,}028 \ldots$$

Nach der Berechnung von p und p_e werden die entsprechenden Werte in die oben angegebene Formel zur Bestimmung von Kappa eingesetzt und der Quotient berechnet. Resultiert ein Kappa-Koeffizient größer 0,70 wird von einer guten Kodierer-Übereinstimmung gesprochen (z. B. Bortz und Döring 2016). Vor der

7.3 Qualitative Inhaltsanalyse

Ermittlung der Kodierer-Übereinstimmung muss der oder die zweite kodierende Person entsprechend geschult, d. h. mit dem Kategoriensystem vertraut gemacht werden und einige Probekodierungen durchgeführt haben. Resultiert ein zu niedriger Kappa-Koeffizient müssen insbesondere Kategorienexplikationen, bei denen die meisten Diskrepanzen aufgetreten sind besprochen und revidiert werden.

Wenn die Qualität eines Kategoriensystems durch eine ausreichend hohe Übereinstimmung zwischen den Kodierenden gesichert ist, kann das gesamte Textmaterial aufbereitet werden: Textstellen bzw. Analyseeinheiten werden – den Kategorienexplikationen folgend – unterschiedlichen Kategorien zugeordnet. Anschließend kann ausgezählt werden, wie viele Textstellen den unterschiedlichen Kategorien zugeordnet wurden. Die resultierenden Kategorienhäufigkeiten können dann zu anderen quantitativen Variablen (z. B. zu Persönlichkeitsmerkmalen, die mithilfe von Fragebogen erfasst wurden) in Beziehung gesetzt werden. Spätestens an dieser Stelle wird deutlich, dass ein zunächst rein qualitatives, „zahlenfreies" Vorgehen in eine quantitative Analyse übergehen kann. Der mitunter übertrieben und allzu pointiert vorgetragene „Gegensatz" zwischen einem qualitativen und einem quantitativen Paradigma ist deshalb weder sinnvoll noch sonderlich fruchtbar, weil sich die Herangehensweisen bei vielen Forschungsfragen eher ergänzen als ausschließen.

Softwaregestützte Auswertung von Interviewdaten
Bei der Konstruktion und Anwendung eines Kategoriensystems zur inhaltsanalytischen Aufbereitung von Texten, kann der Computer bzw. geeignete Software sehr wertvolle Dienste leisten. In der qualitativen Sozialforschung wurde nach Kuckartz (2010) einige Zeit die falsche Schlussfolgerung „Computer = Rechner" und „Rechner = quantitative Methodik" (und vielleicht weniger explizit: „quantitative Methodik" = „schlecht und böse") gezogen. Dieses Vorurteil ist mittlerweile überwunden, denn einige Schritte innerhalb qualitativer Forschungsmethoden, insbesondere der Inhaltsanalyse, lassen sich durch Computerunterstützung erheblich erleichtern und optimieren. So liegt mittlerweile Software zur Durchführung von Inhaltsanalysen vor (z. B. MAXQDA, vgl. www.maxqda.de oder ATLAS.ti, vgl. www.atlasti.com/de), die bei der systematischen Lektüre und Interpretation von Texten helfen. Textteile können leichter segmentiert und unterschiedlichen Kategorien zugeordnet werden. In der Phase der Konstruktion eines Kategoriensystems können bisher kodierte Textstellen leichter zusammengestellt und verglichen werden, als bei einer rein „papierbasierten" Inhaltsanalyse: Hier müsste man unterschiedliche Textstellen, die in eine Kategorie fallen z. B. mit unterschiedlichen Farben markieren und dann ausschneiden oder immer wieder mühsam hin- und herblättern. Mit den genannten Programmen lassen sich

dagegen bisher kodierte Textstellen zusammenstellen und es kann die Passung dieser Textstellen mit der bisherigen Kategorienexplikation überprüft werden. Die Programme erlauben auch das Einfügen von Memos zu einzelnen Textstellen, das Erstellen von Mindmap-ähnlichen Übersichten über Zusammenhänge oder auch Unterstützung beim Transkribieren. Zudem werden in solchen Programmen auch Häufigkeitsanalysen sowie ein Export von Kategorienhäufigkeiten in andere statistische Analyseprogramme (z. B. SPSS oder Excel) angeboten.

7.4 Quantitative Textanalyse

Aus Interviews generierte Texte und anderes Textmaterial kann nicht nur qualitativ ausgewertet werden, sondern auch quantitativ durch das Erfassen und Auszählen einzelner Wörter. Insbesondere bei großen auszuwertenden Textdaten, beispielsweise der Onlinetagebücher mehrerer tausend Personen über einen 12-monatigen Zeitraum, gerät die qualitative Inhaltsanalyse an ihre Grenzen, da die Datenmenge kaum mehr realistisch bewältigt werden kann. In diesem Fall ermöglicht eine quantitative Analyse aufschlussreiche Erkenntnisse. Darüber hinaus bestimmt natürlich auch die Fragestellung und das Forschungsinteresse, welches Verfahren geeigneter ist. Die Vorteile der Computer- bzw. Softwareunterstützung sind bei einer rein quantitativen Textanalyse folglich noch deutlicher als im qualitativen Bereich. Einen Überblick zur quantitativen Textanalyse gibt Mehl (2006).

Ein Programm zur quantitativen Textanalyse, das auch als deutschsprachige Version vorliegt (Brand et al. 2003; Wolf et al. 2008; für die neueste Version LIWC2015 siehe Meier et al. 2018), ist *Linguistic Inquiry and Word Count* (LIWC, http://liwc.wpengine.com). Dieses Programm wurde von James Pennebaker und Kolleginnen bzw. Kollegen entwickelt und ursprünglich zur Analyse von Texten verwendet, die beim expressiven bzw. therapeutischen Schreiben entstanden. Pennebaker bat Studierende 3–4 Tage lang jeweils ca. 20 min über ein belastendes, traumatisches Ereignis zu schreiben und stellte fest, dass damit positive somatische und psychische Effekte (z. B. verbesserte Immunparameter, weniger Depressivität und Ängstlichkeit) verbunden waren (Übersichten zum expressiven Schreiben finden sich bei Pennebaker und Smyth 2016 sowie Horn und Mehl 2004). Obwohl LIWC ursprünglich zur Analyse von geschriebenen Essays verwendet wurde, kann es auch zur Auswertung von Interviews herangezogen werden, gerade wenn dabei längere Texte generiert wurden, wie es bei offenen unstandardisierten Befragungen der Fall ist.

Das beschriebene Programm zur quantitativen Textanalyse zählt die Häufigkeiten einzelner Wörter (z. B. ich, mich, glücklich, traurig, aufgeregt, ...) in einem Text und ordnet sie anhand eines hinterlegten Wörterbuches vordefinierten Kategorien zu, wobei einzelne Wörter mehreren Kategorien zugeordnet sein können (dies stellt einen deutlichen Unterschied zur Disjunktheit qualitativer Kategoriensysteme dar!). Dabei erkennt LIWC in der deutschen Version etwa 63 % der Wörter eines Textes, in der englischen Version ganze 73 % (siehe Wolf et al. 2008). Beispiele für die hinterlegten Kategorien sind *positive Emotionen* (Bewunderung, gut, freudig, liebsten, beste, Freund, Interesse, positiv, schön), *negative Emotionen* (unterlassen, Kopfschmerzen, rücksichtslos, nerven, enttäuscht, peinlich, Stress), *Referenz auf andere* (seinem, ihn, unseren, alle, dessen) und *Freunde* (Freund, Freunde, Nachbarn, Paar, Gäste). Ein Beispiel aus unserer eigenen Forschung bildet die Analyse von 3400 elektronischen Tagebüchern aus dem deutschlandweiten Mentorenprogramm „Balu und Du". Die Mentorinnen und Mentoren verfassen nach jedem Treffen mit ihrer bzw. ihrem Mentee einen reflektierenden Online-Tagebucheintrag, der von Projektkoordinatorinnen und -koordinatoren gelesen und kommentiert wird. Die quantitative Analyse ergab beispielsweise, dass die Wortanzahl in den Tagebucheinträgen über das Mentorenjahr hinweg abnimmt. Dies kann damit erklärt werden, dass am Anfang viel über die Rahmenbedingungen und das Kennenlernen der bzw. des Mentee geschrieben wird und später die Tagebucheinträge prägnanter verfasst werden. Außerdem konnte gezeigt werden, dass am häufigsten über soziale Prozesse geschrieben wird (12 %, Beispiele: äußern, Begegnung, Kinder) sowie Referenz auf andere genommen wird (8,9 %, Beispiele: deine, jemand, uns) oder kognitive Prozesse beschrieben werden (7,8 %, Beispiele: abgrenzen, deshalb, wissen). Die quantitative Textanalyse konnte außerdem zeigen, dass von Beginn an mehr über positive als negative Emotionen geschrieben wird und das obwohl das hinterlegte Wörterbuch in der Kategorie positive Emotionen 640 Wörter, in der Kategorie negative Emotionen 1046 umfasst. Über das Jahr hinweg steigert sich der Ausdruck positiver Emotionen außerdem und die gezählten Worte negativer Emotionen sind leicht rückläufig. Dieser Wert wurde als sehr gut interpretiert, unabhängig davon, ob er aus der Beschreibung der eigenen Emotionen der Mentorin/des Mentors, der Beschreibung der Emotionen der/des Mentee oder der Beschreibung der gemeinsamen Interaktion oder allen drei Kategorien entspringt (Jacob et al. 2015).

Grenzen der quantitativen Textanalyse mit LIWC bestehen darin, dass Doppeldeutigkeiten und Verneinungen nicht berücksichtigt werden, ebenso wie Ironie, Metaphern, Sarkasmus. Beispielsweise werden die Aussagen: „ich bin traurig" vs. „ich bin nicht traurig" beide der Kategorie negative Emotionen („traurig") zugeordnet. Die Aussage „er war gar nicht begeistert" wiederum wird wortweise den Kategorien *Verneinung* („nicht") und *Optimismus* („begeistert") zugeordnet.

Außerdem gehen selten auftretende Wörter, die jedoch inhaltlich hohe Relevanz haben, durch niedrige Raten womöglich unter (vgl. Dönges 2009; Wolf et al. 2008). Obwohl durch das bloße Auszählen und die Kategorienzuordnung einzelner Wörter der jeweilige Kontext und die inhaltlichen Zusammenhänge unberücksichtigt bleiben, kann die quantitative Textanalyse durch die Häufigkeit der Benutzung einzelner Wörter und den damit assoziierten linguistischen Stil psychologische Prozesse und Merkmale widerspiegeln. So konnten Raskin und Shaw (1988) bereits vor über 30 Jahren zeigen, dass Personen mit hohen Narzissmus-Ausprägungen in ihrer Sprache deutlich häufiger „Ich-Aussagen" treffen als Personen mit niedrigen Narzissmus-Ausprägungen. Man könnte den Unterschied zwischen qualitativer und quantitativer Textanalyse damit beschreiben, dass erstere ein tiefes Verständnis über Bedeutungszusammenhänge und letztere dafür einen Ausblick auf das gesamte Panorama liefert (vgl. Dönges 2009).

7.5 Analyse des non- und paraverbalen Verhaltens in Interviews

In unterschiedlichen Abschnitten dieses Buchs wurde wiederholt die Bedeutung des non- und paraverbalen Verhaltens im Interview betont. So kann eine Interviewerin oder ein Interviewer gezielt non- und paraverbale Signale nutzen, um ein Gespräch zu führen (vgl. Abschn. 5.3.1). Außer der naheliegenden Analyse der verbalen Daten hat ein Interview (im Gegensatz zu einem Fragebogen) aber auch den Vorteil, dass non- und paraverbales Verhalten berücksichtigt und systematisch ausgewertet werden kann. Im Folgenden werden die Potenziale der Analyse des non- und paraverbalen Verhaltens im Interview anhand von zwei Beispielen demonstriert. Im ersten Beispiel geht es um Verhaltensindikatoren von Schizophrenie-Patientinnen und -Patienten während eines standardisierten Interviews; im zweiten Beispiel wird mit Hilfe von non- und paraverbalen Verhaltensindikatoren in einem Einstellungsinterview für einen Marketing-Job die fremdeingeschätzte „Einstellbarkeit" (hirability), d. h. die Eignung, vorhergesagt.

Zentrale Symptome von Störungen aus dem Schizophrenie-Spektrum, z. B. Halluzinationen, Wahnvorstellungen, mangelnde Motivation, Apathie und Unaufmerksamkeit sind für externe Beobachterinnen und Beobachter weitgehend „unsichtbar". Trotzdem gewinnen einfühlsame Interaktionspartner_innen manchmal intuitiv den Eindruck, dass mit den betroffenen Personen „etwas nicht stimmt", selbst wenn diese Personen nicht explizit über ihre Belastungen sprechen (Brüne et al. 2008). Deshalb liegt die Hypothese nahe, dass es nonverbale Hinweisreize gibt, die zu diesem Eindruck führen. In der Tat stellte sich

7.5 Analyse des non- und paraverbalen Verhaltens in Interviews

in Studien heraus, dass Schizophrenie-Patienten und -Patientinnen durch reduzierte Mimik gekennzeichnet sind, physische Nähe zu Interaktionspartnern_ innen vermeiden, einen starren Blickkontakt zeigen und auch andere nonverbale Defizite in sozialen Interaktionen aufweisen. Vor diesem Hintergrund führten Brüne et al. (2008) eine Studie durch, in der 44 Schizophrenie-Patienten und -Patientinnen und 29 gesunde Kontrollpersonen ein strukturiertes klinisches Interview absolvierten. Jeweils die ersten 10 min der Interviews wurden videographiert und mit Hilfe eines standardisierten Beobachtungssystems durch zwei trainierte Beobachter_innen analysiert. Die beiden Beobachter_innen schauten sich jeweils 15-s-Intervalle der ersten 10 Interview-Minuten an und registrierten, ob und welche von insgesamt 37 nonverbalen Verhaltensindikatoren aufgetreten sind. Schizophrenie-Patientinnen und -patientinnen zeigten im Vergleich zu den gesunden Kontrollpersonen weniger nonverbale Indikatoren in den Bereichen Affiliation (z. B. Lächeln), prosoziales Verhalten (z. B. Kopfnicken), Flucht (z. B. Wegschauen, Augen kurz schließen) und Entspannung (z. B. entspannte Sitzhaltung einnehmen, Lachen). Dagegen konnten in einigen anderen nonverbalen Verhaltensbereichen (z. B. Blickkontakt und Gestik) keine Unterschiede zwischen den Schizophrenie-Patientinnen und -patienten und den Kontrollpersonen festgestellt werden. Insgesamt konnten Brüne et al. (2008) den Befund aus früheren Studien replizieren, nach dem Schizophrenie-Patientinnen und -patienten weniger nonverbales Verhalten zeigen, das soziale Interaktionen aufrecht erhält.

Eine Besonderheit des zweiten Beispiels (Nguyen et al. 2014) ist, dass non- und paraverbale Verhaltensindikatoren nicht durch menschliche Beobachterinnen und Beobachter erfasst und kodiert, sondern mit Hilfe von computergestützten Tools aus den audiovisuellen Aufnahmen von 62 Einstellungsinterviews extrahiert wurden. Lediglich „Lächeln" und „Blickkontakt" wurden „manuell" kodiert. In den durchschnittlich 11 min umfassenden strukturierten Einstellungsinterviews wurden studentische Bewerber_innen für einen gut bezahlten Marketing-Job gesucht. Die Auswahl der extrahierten Merkmale erfolgte vor dem Hintergrund bisheriger theoretischer und empirischer Befunde zur Wirkung nonverbaler Verhaltensindikatoren in Einstellungsinterviews. In diesen Studien zeigte sich immer wieder, dass erfolgreiche Bewerber_innen nonverbal „direkter" bzw. „unmittelbarer" agieren (immediacy hypothesis), d. h. sie setzen mehr Blickkontakt, Lächeln und Kopfnicken ein und sind der interviewenden Person insgesamt nonverbal zugewandter als erfolglose Bewerber_innen.

Zu den automatisch extrahierten Verhaltensindikatoren zählten paraverbale Merkmale wie z. B. die Sprechflüssigkeit, Sprechpausen, die gesamte Sprechzeit und die Prosodie (z. B. Tonhöhe beim Sprechen, Sprachmelodie). Weiterhin wurden nonverbale, visuelle Merkmale extrahiert, darunter Kopfnicken, die gesamte Bewegungsaktivität (kinetische Expressivität) während der Interviews und eben Lächeln und Blickkontakt. Ziel der Studie war es, die „Einstellbarkeit" (hirability) mit Hilfe der extrahierten non- und paraverbalen Verhaltensindikatoren vorherzusagen. Die Einstellbarkeit, also letztlich die Eignung der Bewerber_innen, wurde von einer trainierten Master-Studentin mit Schwerpunkt Organisationspsychologie auf vier, für den Marketing-Job relevanten Dimensionen eingeschätzt, die im Interview auch angesprochen wurden: Kommunikative Fähigkeiten, Fähigkeit, andere zu überzeugen, gewissenhaftes Arbeiten und Stressresistenz. Zudem wurde eine Gesamteinschätzung der Eignung vorgenommen. Es zeigte sich, dass 36,2 % der Varianz dieser Gesamteinschätzung durch die extrahierten Verhaltensindikatoren vorhersagbar war, während sich die Einschätzungen auf den vier spezifischen Dimensionen weniger gut vorhersagen ließen. Die paraverbalen Indikatoren der Bewerber_innen waren wichtiger für die Vorhersage der Gesamteinschätzung als die visuellen Indikatoren. Dagegen stellte sich heraus, dass unter den Verhaltensindikatoren der *Interviewenden Person,* die ebenfalls extrahiert wurden, die nonverbalen visuellen Merkmale (z. B. Lächeln, Kopfnicken u. a.) die Eignungseinschätzung besser vorhersagten (37,4 % der Varianz). Dieser Befund zeigt, dass die interviewende Person das Verhalten von geeigneten Bewerberinnen bzw. Bewerbern offensichtlich nonverbal spiegelt. In der Studie wurde bei der Vorhersage der Eignung für den Marketing-Job verbale Daten, also was gesagt wurde, überhaupt nicht berücksichtigt. Ein naheliegender Vorschlag für zukünftige Studien wäre deshalb, die differentiellen Effekte von verbalen (was wird gesagt?), paraverbalen (wie wird es gesagt?) und nonverbalen (was macht der Körper dabei?) Daten insgesamt zu untersuchen.

Anhang 1: Ein Seminarkonzept zur Vermittlung praxisbezogener Interviewerkompetenzen

Laut Empfehlungen der Deutschen Gesellschaft für Psychologie zur Einrichtung von Bachelor- und Masterstudiengängen an Universitäten soll der B.Sc.-Psychologie zu psychologischen Routinetätigkeiten qualifizieren. Die Durchführung von Interviews zählt zu diesen diagnostischen Routinetätigkeiten. Parallel zu einer theoretischen Einführung in die Interview-Methode wie sie in diesem Buch dargelegt ist, sollten deshalb auch praxisbezogene Kompetenzen erworben werden. Im Folgenden stellen wir ein Seminarkonzept vor, in dem die praktische Durchführung von Interviews vermittelt wird. Dabei werden folgende Phasen durchlaufen:

1. Vorstellung des Konzepts, Bildung von Kleingruppen und Themenfindung
2. Entwicklung eines Interviewleitfadens in jeder Kleingruppe
3. Rückmeldung zum und Revision des Interviewleitfadens
4. Durchführung und Videoaufzeichnung der Interviews
5. Videogestützte Rückmeldung zum Interviewer-Verhalten
6. Auswertung der Interviews
7. Präsentation der Ergebnisse und Erfahrungen im Seminar

Wir haben dieses Konzept seit vielen Jahren in der Lehre umgesetzt und positiv evaluiert. Die sieben Phasen werden im Folgenden genauer erläutert:

(1) Vorstellung des Konzepts, Bildung von Kleingruppen und Themenfindung
In der ersten Sitzung wird zunächst das Seminarkonzept vorgestellt, d. h. es wird betont, dass parallel zu den Plenumssitzungen zur Einführung in die Interview-Methode praxisbezogene Anteile in Kleingruppen stattfinden, in denen ein Interview-Gegenstand gewählt, ein Interviewleitfaden erstellt, Interviews

durchgeführt, videogestützt in der Kleingruppe besprochen, ausgewertet und im Plenum präsentiert werden. Die Kleingruppen sollten idealerweise zwischen 4 und 6 Personen umfassen. Bei der Themenfindung haben wir die Kleingruppen bisher hauptsächlich gebeten, sich eine Forschungsfragestellung zu überlegen, bei der die subjektive Sichtweise der Versuchspersonen von entscheidender Bedeutung ist; es ist aber auch möglich, Leitfäden für Bewerbungsinterviews entwickeln zu lassen. Die Forschungsfragestellung sollte ein eher unverfängliches Thema betreffen, also keine Problemstellungen, die u. U. starke negative Emotionen bei den interviewten Personen auslösen (z. B. Umgang mit dem Tod einer wichtigen Bezugsperson), und auch keine allzu intimen Gegenstände betreffen (z. B. sexuelle Erfahrungen). Mit diesen Vorgaben soll von vorne herein vermieden werden, dass die Studierenden in schwierige Interviewsituationen geraten, die sie nicht bewältigen können. Da es sich bei der Durchführung von Interviews um eine komplexe diagnostische Tätigkeit handelt (vgl. Kap. 2), bei der gerade Novizinnen und Novizen auf mehreren Ebenen mit sich selbst beschäftigt sein werden (z. B. mache ich alles richtig, habe ich keine Frage vergessen, soll ich jetzt noch genauer nachfragen, passen meine Körperhaltung und mein Blickkontakt usw.), wäre es didaktisch und auch ethisch nicht sinnvoll, problemgeladene Themen im Interview zu explorieren. Eine weitere Randbedingung für die Themenwahl betrifft die Verfügbarkeit von geeigneten Interviewpartnerinnen und -partnern. Da es sich dabei oft um Studierende aus dem ersten Semester handelt, müssen solche Themen gewählt werden, zu denen bei den studierenden Interviewten einschlägige Erfahrungen vorliegen, über die im Interview dann auch berichtet werden kann. Beispiele für von Studierenden gewählte Themen, die diesen Vorgaben und Randbedingungen genügen sind:

- Weihnachten
- Urlaub
- Geburtstag
- Freundschaft
- Studieren mit Kind
- Studieren im Ausland

(2) Entwicklung eines Interviewleitfadens
Jede Kleingruppe entwickelt in dieser Phase einen Interviewleitfaden zu ihrem Thema und beachtet dabei die entsprechenden Hinweise aus Kap. 4. Bei der Strukturierung des Themas können die Studierenden einerseits von ihren eigenen Erfahrungen zu den genannten Themen ausgehen, müssen aber auch einschlägige Literatur und Befunde recherchieren, die zur gewählten Fragestellung möglicher-

weise vorliegen und daraus konkrete Fragen für den Interviewleitfaden ableiten. Da sich das Interview besonders gut eignet, um idiosynkratische, subjektive Sichtweisen zu einem Thema zu explorieren, sollten insbesondere am Anfang eines neuen Abschnitts immer offene Fragen gestellt werden, die eine u. U. längere „Haupterzählung" stimulieren. Die Studierenden sollten zudem darauf hingewiesen werden, dass sie jede Frage, die im Interviewleitfaden formuliert ist, im Hinblick auf die Relevanz für die übergeordnete Fragestellung begründen können müssen. Anders ausgedrückt dürfen nur Fragen zum Thema gestellt werden und keine Fragen, die vielleicht interessante Antworten versprechen, mit dem eigentlichen Thema aber nichts oder nur sehr wenig zu tun haben.

(3) Rückmeldung zum und Revision des Interviewleitfadens
Erfahrungsgemäß ist die erste Fassung des Interviewleitfadens noch nicht ausgereift genug, um als geeignete Grundlage für die Interviewdurchführung dienen zu können. Häufige Mängel betreffen eine unvollständige Einführung, bei der z. B. nicht nach der Einwilligung zur Videoaufzeichnung gefragt wird, eine mangelnde Strukturierung sowie zu wenige offene Fragen. Weiterhin sollte geprüft werden, ob jede der im Leitfaden formulierten Fragen für das Thema bzw. die Forschungsfragestellung tatsächlich auch relevant ist. Ein nicht zu unterschätzender Aspekt ist zudem die geeignete Formatierung des Leitfadens; besonders zentrale (offene) Fragen sollten fett und abgesetzt formatiert werden. Es ist sinnvoll zwischen den einzelnen Fragen bzw. Interviewabschnitten sowie am rechten Rand ausreichend Abstände für Notizen vorzusehen, die wegen der Zusammenfassungen durch die interviewende Person trotz der Videoaufzeichnung notwendig sind.

(4) Durchführung und Videoaufzeichnung der Interviews
Jede/r Studierende führt dann auf der Basis des zumeist revidierten Interviewleitfadens mindestens ein Interview unter „realistischen Bedingungen" durch, d. h. vorzugsweise in „offiziellen" Räumen der Universität. Dabei sollten die Hinweise zur Planung und Durchführung der Interviews aus dem Kap. 5 beachtet werden. Die Videokamera ist bei der Aufzeichnung auf die/den Interviewer und nicht auf die interviewte Person gerichtet, da es bei der anschließenden videogestützten Rückmeldung um das Interviewenden-Verhalten geht. Diese Tatsache sollte zu Beginn des Interviews der interviewten Person mitgeteilt werden und wird sicherlich die Zustimmung zur Videoaufzeichnung erleichtern.

(5) Videogestützte Rückmeldung zum Interviewenden-Verhalten
Auf Basis der Videoaufzeichnungen erfolgt dann eine individuelle Rückmeldung zum Interviewenden-Verhalten in der Kleingruppe. Dabei sind folgende Regeln bzw. Prinzipien zu beachten:

Ansehen der aufgezeichneten Interviews (Videofeedback): Vor dem Videofeedback sind einige Regeln zu beachten, damit intendierte Wirkungen (Selbsterkenntnis und Selbstkorrektur) eintreten können und nicht intendierte Effekte (z. B. Scham, negative Emotionen) möglichst ausgeschlossen werden. Videofeedback wird bei vielen Interventions- und Trainingsmaßnahmen eingesetzt. Formal gesehen handelt es sich dabei um eine technisch vermittelte Selbstbeobachtung; psychologisch um eine Selbstkonfrontation. Obwohl im Zeitalter des Smartphones und der sozialen Medien (bewegte) Bilder der eigenen und anderer Person(-en) allgegenwärtig sind, kann nach unserer Erfahrung ein Videofeedback immer noch Besorgnis auslösen, weil Personen zunächst sehr auf ihr Aussehen und den Klang ihrer Stimme achten und eine u. U. selbstwertbedrohliche Diskrepanz zwischen dem erwarteten und dem technisch vermittelten Video-Selbstbild wahrnehmen. Weil das so ist und weil jeder Mensch ein Recht auf sein Bild hat, muss vor dem Videofeedback darauf hingewiesen werden, dass a) nur solche Ausschnitte in der Gruppe angesehen werden, die die/der studierende Interviewende zeigen möchte, b) es vollkommen in Ordnung ist, wenn eine Studentin oder ein Student ihre/seine Aufnahme gar nicht zeigen möchte (u. U. ist ein alleiniges Ansehen durch die Dozentin bzw. den Dozenten und eine anschließende Rückmeldung in diesem Setting möglich) und c) sämtliche Informationen sowie die Rückmeldungen zu den einzelnen Interviews der Schweigepflicht unterliegen. Als Einstieg zu diesen Randbedingungen ist es hilfreich zu fragen, ob sich denn schon alle Mitglieder der Gruppe auf Video gesehen und welche Erfahrungen sie damit gemacht haben. Zudem kann es entlastend wirken, wenn darauf hingewiesen wird, dass Videoaufnahmen technisch vermittelte Konstruktionen sind, die ein bestimmtes Bild der eigenen Person generieren, das vom „realen" Bild (was immer die Realität auch sein mag) mehr oder weniger deutlich abweicht. Mögliche Diskrepanz-Erlebnisse beim Videofeedback können auch damit zusammenhängen, dass wir perfekte Fernseh- bzw. Kinobilder internalisiert haben, die nur mit einem erheblichen technischen und maskenbildnerischen Aufwand realisiert werden können. Die bisher genannten Maßnahmen und Randbedingungen lassen sich um einige Empfehlungen ergänzen, die Dowrick (1991) für den Einsatz von Videofeedback zusammengestellt hat. Obwohl diese *„Do's and Don'ts of Videofeedback"* für den klinisch-psychologischen Bereich entwickelt wurden, ist die Beachtung im Bereich Lehre und Training ebenfalls sinnvoll.

Demnach ist eine Video-Selbstkonfrontation mit ausschließlich negativen und im Moment nicht veränderbaren Verhaltensweisen ohne jegliche Instruktionen unbedingt zu vermeiden. Mit Instruktionen ist gemeint, dass der Probandin bzw. dem Probanden, in unserem Fall der/dem studierenden Interviewer_in, vor dem Videofeedback mitgeteilt werden muss, worauf sie/er achten soll. Erfahrungsgemäß fallen den meisten Studierenden bei der Video-Selbstkonfrontation in erster Linie negative Aspekte des eigenen Verhaltens auf. Deshalb ist es wichtig, Studierende darauf hinzuweisen, ihre Aufmerksamkeit unbedingt auch auf positive Aspekte ihres Interviewer-Verhaltens zu richten, die sie bei der anschließenden Selbstreflexion dann auch zuerst benennen müssen. Studierende Interviewende sollen also auch darauf achten, was gut war! Weiterhin kann es problematisch sein, wenn die Video-Selbstkonfrontation vor einer Gruppe erfolgt, weil es als selbstwertbedrohlich wahrgenommen werden kann, wenn andere die eigenen Fehler sehen und sich vielleicht sogar darüber lustig machen. Um derartige Effekte zu vermeiden, müssen Feedback-Regeln vereinbart werden (vgl. nächster Absatz), damit die Gruppe nicht als Bedrohung, sondern als Ressource wahrgenommen wird. Schließlich sollte die/der studierende Interviewer_in die größtmögliche Kontrolle über die Wiedergabe der Videoaufzeichnung haben und z. B. jederzeit anhalten können. Es werden zudem lediglich Ausschnitte aus den aufgezeichneten Interviews angesehen, vorzugsweise der Beginn des Interviews und zwei weitere Ausschnitte, die die/der studierende Interviewer_in auswählt. Es kann sich dabei um Ausschnitte handeln, die nach Auffassung der studierenden Interviewerin bzw. des studierenden Interviewers besonders gelungen oder in irgendeiner Weise problematisch sind.

> **Übersicht**
> Do's and Don'ts des Videofeedbacks (in Anlehnung an Dowrick 1991)
> **Do's**
>
> - Adäquate Vor- und Nachbereitung
> - Kontrolle über die Wiedergabe der Videoaufzeichnung schaffen (Studierende_r entscheidet, ob und welche Ausschnitte gezeigt werden)
> - Aufmerksamkeit durch geeignete Instruktionen auch auf positive Aspekte des Interviewer-Verhaltens fokussieren
> - Gruppe als Ressource etablieren

Don'ts

- Video-Selbstkonfrontation mit ausschließlich negativen, im Moment nicht veränderbaren Verhaltensweisen
- Ohne Kommentar und Instruktionen
- Vor einer Gruppe ohne Feedbackregeln
- Ohne Eingriffsmöglichkeiten durch die betroffene Person

Reflexion des Videofeedbacks und Rückmeldung durch die Gruppe Nach dem Ansehen der Videoausschnitte reflektiert zunächst die/der studierende Interviewer_in über ihr/sein Verhalten. Dabei wird sie/er darum gebeten, zuerst mindestens 3 Aspekte zu benennen, die gut waren und die sie/er in zukünftigen Interviews beibehalten möchte. Wir halten es für sehr wichtig, diese Fokussierung auf die eigenen Ressourcen zu fördern. Es kann vorkommen, dass der/dem Studierenden zunächst gar nichts Gutes an ihrem/seinem Interviewer-Verhalten auffallen möchte. In diesem Fall kann die Dozentin bzw. der Dozent auf unterschiedliche inhaltliche, verbale, non- und paraverbale Aspekte des Verhaltens hinweisen, um die Aufmerksamkeit auf positive Aspekte zu erweitern. Erst im zweiten Schritt wird die/der Studierende gebeten zu sagen, was sie/er beim nächsten Interview anders bzw. besser machen würde. Auch in dieser Phase der Reflexion werden die Studierenden nach unserer Erfahrung dazu neigen, zu benennen, was schlecht war. Deshalb ist es wichtig, die Studierenden daraufhin immer wieder zu fragen, was genau sie denn stattdessen in zukünftigen Interviews anders bzw. noch machen könnten, um damit eine konstruktive und lösungsorientierte Perspektive zu fördern. Erst nachdem die/der studierende Interviewer_in, deren Videoausschnitte gerade angesehen wurden, sich selbst beurteilt hat, werden die einzelnen Gruppenmitglieder um Feedback gebeten. Dabei gilt es ebenso, zuerst die positiven Aspekte des Interviewer-Verhaltens zu benennen (Was war gut?) und erst im zweiten Schritt zu sagen, was die/der Interviewer_in besser machen könnte. Bei den Verbesserungsvorschlägen müssen die folgenden Feedbackregeln beachtet werden:

1. *Personenbezogen:* Nicht: „Deine Stimme hat mir gefallen", sondern: „Du hast sehr ruhig und fest gesprochen."
2. *Ich-Botschaften:* Nicht „man" oder „wir" verwenden, sondern z. B. „aus meiner Sicht" oder „ich".

3. *Konkret:* Nicht: „Ja, das war ganz gut.", sondern rückmelden, was genau gut war.
4. *Konjunktiv:* Alle Verbesserungsvorschläge auch wirklich als Vorschläge formulieren, die die interviewende Person aufgreifen kann oder nicht, d. h. keine Vorschriften machen: Nicht: „Du musst unbedingt noch genauer nachfragen!" sagen, sondern „An einigen Stellen hättest Du meiner Meinung nach noch genauer nachfragen können."
5. *Positiv:* Keine negativen Formulierungen: Nicht: „Du hast deine Interviewpartnerin bzw. deinen Interviewpartner zu selten angesehen." Sondern: „Vielleicht könntest du mal probieren, deinen Interviewpartner öfter anzusehen."
6. *Interviewbezogen:* keine tiefenpsychologischen Deutungen.

Erfahrungsgemäß bringen die Rückmeldungen der Gruppe sowohl mehr positive Aspekte als auch mehr Veränderungsvorschläge zutage, als die Selbstreflexion der studierenden interviewenden Person. Nach den Gruppenmitgliedern gibt am Ende noch die Dozentin bzw. der Dozent ein Feedback.

(6) Auswertung der Interviews
Falls zu einem Thema bereits ein Kategoriensystem vorliegen sollte, können die Studierenden darauf zurückgreifen und eine inhaltsanalytische Kodierung wie sie in Abschn. 7.3 beschrieben ist, durchführen. Voraussetzung dafür ist allerdings, dass die Interviews transkribiert werden. In jedem Fall sollte eine inhaltliche Zusammenfassung der Antworten vorgenommen (vgl. Abschn. 7.2) und die Ergebnisse der Interviews in jeder Gruppe verglichen und wenn möglich in Form von basalen Statistiken (Häufigkeiten) aufbereitet werden.

(7) Präsentation der Ergebnisse und Erfahrungen im Seminar
Bei der abschließenden Präsentation im Plenum geht es nicht nur darum, den Gegenstand, den Leitfaden und die Ergebnisse der Interviews vorzustellen, sondern auch genauer auf mögliche Schwierigkeiten bei der Entwicklung des Interviewleitfadens einzugehen. Zudem sollen auch Empfehlungen, Tipps, mögliche Probleme und Besonderheiten, die sich bei der konkreten Durchführung der Interviews ergeben haben, vorgestellt werden. Das Ziel ist es, die individuellen handlungsbezogenen Erfahrungen beim Interviewen in der Gruppe auszutauschen und zu teilen, um zu einer gemeinsamen Reflexion und Kompetenzerweiterung beizutragen.

Anhang 2: Interviewleitfaden Studium mit Kind[1]

Guten Tag XY. Ich freue mich, dass du dir an diesem sonnigen Tag die Zeit für dieses Interview nimmst. Hast du denn den Raum hier gleich gefunden? War unsere Wegbeschreibung ausführlich genug?

Vielen Dank, dass du im Vorfeld die Einwilligungserklärung für die Aufzeichnung dieses Interviews unterschrieben hast. Es ist für die Auswertung der Interviews wirklich sehr hilfreich, wenn wir auf eine Aufzeichnung zurückgreifen können. Ich möchte zudem nochmals darauf hinweisen, dass du dieses Interview jederzeit und ohne Angabe von Gründen abbrechen und auch die Löschung der Aufzeichnung verlangen kannst, ohne dass dir dadurch Nachteile entstehen. Du musst auch nur diejenigen Fragen beantworten, die du beantworten möchtest.

Wie bereits in den Teilnehmerinformationen beschrieben, geht es in diesem Interview um die Situation von Studierenden mit Kind/ern und ich denke, dass du als Betroffene_r mir viel dazu sagen kannst. Uns interessiert insbesondere deine Lebenssituation und wie du es schaffst, Studium und Kind „unter einen Hut" zu bringen. Unser Interview wird ungefähr 45–60 min dauern. Wie in

---

[1]Der hier vorliegende beispielhafte Interviewleitfaden geht davon aus, dass im Vorfeld eine ausführliche Teilnehmer-Information erfolgt, eine schriftliche Einwilligungserklärung zur Teilnahme am Interview und zur Tonaufzeichnung unterschrieben sowie ein Verzeichnis der Verarbeitungstätigkeiten und gegebenenfalls eine Datenschutzfolgeabschätzung erstellt wurden. Mustervorlagen für die Teilnehmerinformation und die Einwilligungserklärung können der DGPs-Broschüre „Ethisches Handeln in der Psychologischen Forschung" (DGPs, 2018) entnommen werden. Zur Erstellung einer Datenschutzfolgeabschätzung beachten Sie bitte die Hinweise im Abschn. 5.4. Da das Interview von einer Studentin mit anderen Studierenden durchgeführt wurde, ist die Ansprache in der „Du-Form" gehalten. Zudem sind zwischen den Haupt- und Nachfragen absichtlich einige Leerzeilen für Notizen eingefügt, die bei der Durchführung des Interviews vorgenommen werden können, um Stichpunkte und Gedächtnisstützen für die Zusammenfassungen zu haben.

der Teilnehmerinformation und in der Einwilligungserklärung bereits ausgeführt, wird selbstverständlich alles, was du mir erzählst, vertraulich behandelt.
Hast du noch irgendwelche Fragen?
O.K., dann fangen wir an.

A) Fragen zur familiären Situation

Wenn du dich daran zurückerinnerst ...

1. als du erfahren hast, dass du/deine Partnerin schwanger bist/ist, wie ging es dir damit?

Nachfragen

- Welche Gedanken gingen dir damals durch den Kopf?

- Hast Du Dir das Kind gewünscht? → wenn ja: Zu welchem Zeitpunkt?

(Für Interviewpartner/innen, die bei Studienbeginn bereits ein Kind/er haben)

- Aus welchen Gründen hast du, trotz Kind/ern, ein Studium begonnen?

Anhang 2: Interviewleitfaden Studium mit Kind

- Als du beschlossen hast, ein Studium zu beginnen, wie ging es dir damit?

2. Wie war deine Lebenssituation **vor** der Geburt deines Kindes/deiner Kinder/ vor Beginn deines Studiums?

Nachfragen

- Hast Du in einer Partnerschaft gelebt?
- Wie war damals Dein Familienstand (ledig/verheiratet/geschieden)?
- Wie hast Du damals gewohnt?

3. Hat sich an der damaligen Situation etwas verändert? Wenn ja → Was hat sich verändert?

4. Wie haben deine Partnerin bzw. dein Partner, deine Freundinnen und Freunde und deine Familie auf deine Schwangerschaft/auf deinen Entschluss, zu studieren reagiert?

Nachfragen

- Partner_in
- Freundinnen und Freunde
- Eltern und Familie

5. Haben sich seit der Geburt deines Kindes/dem Beginn des Studiums Veränderungen in deinem Freundeskreis ergeben? Wenn ja → welche?

Nachfragen

- Sind Freundinnen und Freunde weggeblieben, weil du nicht mehr so viel Zeit hast?

- Hast du durch das Kind/durch das Studium neue Kontakte und Freundschaften knüpfen können?

- Unterstützen Dich diese neuen Freundschaften

6. Wie würdest du dein aktuelles soziales Umfeld bzw. deinen aktuellen Freundeskreis zusammenfassend beschreiben?

Nachfragen

- Hast du ausreichende und zufriedenstellende Sozialkontakte?

- Kannst du dich auch in Notfällen auf jemanden verlassen?

Anhang 2: Interviewleitfaden Studium mit Kind

7. (Falls die/der Proband/in verheiratet ist oder mit einer/einem Partner_in zusammenlebt) Wir haben jetzt über deinen Freundeskreis und dein soziales Umfeld gesprochen. Meine nächste Frage ist nun: Hat sich seit der Geburt Deines Kindes in Eurer Beziehung etwas verändert? Wenn ja → Was hat sich verändert?

Nachfragen

- Fühlst du dich von deiner/deinem Partner_in unterstützt?

- Erzieht ihr das/die Kind/er gemeinsam?

- Ist die Arbeit im Haushalt und bei der Versorgung des Kindes/der Kinder deiner Einschätzung nach gerecht verteilt?

- Habt ihr häufiger Auseinandersetzungen als vor der Geburt des Kindes/ Beginn des Studiums? Wenn ja → Worum geht es in diesen Auseinandersetzungen?

8. (Falls die/der Proband_in alleine erzieht:) Wir haben jetzt über Deinen Freundeskreis und Dein soziales Umfeld gesprochen. Ich möchte Dich jetzt bitten zu erzählen, wie es dir als Alleinerziehende_r geht?

Nachfrage.

- Welche besonderen Probleme siehst du in dem Umstand, alleinerziehend zu sein?

Zusammenfassung und Überleitung

„So, jetzt hast du mir deine familiäre Situation geschildert, ich werde noch mal zusammenfassen, was du gesagt hast. Wenn ich etwas anders verstanden habe, als du es gemeint hast, dann korrigiere mich bitte. Vielleicht fällt dir auch noch etwas ein, was du bislang noch nicht gesagt hast und ergänzen möchtest."

B) Fragen zur materiellen Situation

„Wir haben im ersten Teil des Interviews über deine familiäre Situation gesprochen, darüber, wie dein Freundeskreis und deine Familie reagiert haben und was sich verändert hat. Ein eigenes Kind hat aber nicht nur Einfluss auf das soziale Umfeld, sondern auch auf den eigenen Geldbeutel (wenn passend: und du hast das liebe Geld ja schon angesprochen). Ein Kind bzw. Kinder kosten Geld. Ich möchte dich deshalb als nächstes fragen :"

1. Wie sieht deine finanzielle Situation aus?

Nachfragen

- Bafög

- Unterhalt

- Unterstützung von deinen eigenen Eltern oder den Eltern deiner Partnerin bzw. deines Partners

- Sozialhilfe

- Wohngeld

- Kindergeld

- Erziehungsgeld

- Gibt es in finanzieller Hinsicht Probleme oder Schwierigkeiten? Wenn ja → Welche?

Anhang 2: Interviewleitfaden Studium mit Kind

2. Musst du oder dein/e Partner_in nebenbei Geld verdienen, um die Kosten für Eure Familie zu tragen? Wenn ja → Sind damit Probleme verbunden? → Wenn ja, welche genau?

3. Wie empfindest du die materielle Abhängigkeit von deiner/deinem Partnerin oder von deinen Eltern/den Eltern deiner Partnerin bzw. deines Partners?

4. (Du hast es ja selbst schon angesprochen) Ein Kind bzw. Kinder brauchen Platz und eigene „Spielräume". Deshalb würde mich als nächstes deine Wohnsituation interessieren. Erzähl mir davon!

Nachfragen, wenn nicht genannt.

- Ist deine/eure Wohnung kindgerecht?
- Habt ihr genug Platz?
- Gibt es für dich eine Rückzugsmöglichkeit und/oder einen eigenen Arbeitsplatz?
- Wie groß ist die Entfernung zur Uni?
- Sind damit vielleicht Probleme verbunden, z. B. bzgl. des Zeitaufwands für den Weg?
- Welche Veränderungen würdest du dir bzgl. deiner Wohnsituation wünschen?

Zusammenfassung und Überleitung
Wir haben jetzt ausführlich über deine finanzielle und deine Wohnsituation gesprochen, ich werde wieder zusammenfassen, was du gesagt hast. Wenn ich etwas anders verstanden habe, als du es gemeint hast, dann korrigiere mich bitte. Vielleicht fällt dir auch noch etwas ein, was du bislang noch nicht gesagt hast und ergänzen möchtest.

C) Fragen zur Studiensituation und zur Situation an der Uni

„Als Studierende_r mit Kind bzw. Kindern musst du dich sowohl für dein Studium engagieren als auch für dein Kind/deine Kinder sorgen. Du kombinierst also zwei ganz unterschiedliche Lebensbereiche miteinander. Im Folgenden möchte ich wissen, …"

1. Wie schaffst du es Studium und Kind „unter einen Hut" zu bringen?

Nachfragen

- Kannst du regelmäßig an Angeboten der Uni teilnehmen oder ist dir das, z. B. wegen fehlender ausreichender Kinderbetreuung, nicht möglich?

- Nach welchen Kriterien wählst du die Veranstaltungen aus, die du im Semester besuchen willst (Zeitpunkt, Interesse, Prüfungsrelevanz, Pflichtveranstaltung, …)?

- An welchen Tagen besuchst du Vorlesungen?

- Hast du ausreichend Zeit, um neben den Veranstaltungen für dein Studium zu arbeiten?

- Wie viel Zeit kannst du in der Woche für dein Studium aufwenden?

- Würdest du gerne mehr Zeit investieren?

- Verfügst du neben Studium und Kind über freie Zeit, die du ausschließlich nach deinen Wünschen und Interessen gestalten kannst? Wenn ja, um wie viele Stunden handelt es sich am Tag?

2. Wer betreut dein Kind/deine Kinder, wenn du an der Uni bist?

Anhang 2: Interviewleitfaden Studium mit Kind 131

Nachfragen

- Welche Betreuungsmöglichkeiten hast du?

- Gibt es Schwierigkeiten eine passende Betreuung zu finden?

- Gibt es diesbezüglich weitere Schwierigkeiten, wie z. B. Kostenaufwand für die Betreuung, schlechtes Gewissen, weil du das Kind weggibst, keine Krippenplätze oder zu lange Wartezeiten …?

3. Wie empfindest du – als Studierende_r mit Kind – die Kontakte zu anderen Studierenden und Dozentinnen und Dozenten?

Nachfrage.

- Hast du Zeit mit ihnen etwas zu unternehmen, z. B. einen Kaffee trinken zu gehen?

4. Wie reagieren andere (Studierende und Dozent_innen) darauf, wenn du erwähnst, dass du ein Kind/Kinder hast?

5. Hast du dein Kind schon mal mit zu einer Veranstaltung genommen? Wenn ja, wie war deine Erfahrung damit? Falls nein, warum nicht?

Nachfragen

- Nimmst du dein Kind regelmäßig mit zur Uni?
- Wie haben die anderen Studierenden und die Dozenten_innen reagiert?
- Gab es evtl. Probleme beim Transport?
- Gibt es einen Wickelraum in den Universitätsgebäuden, in denen Du Lehrveranstaltungen hast? Wenn nein → Wie und wo kannst Du Dein Kind wickeln, wenn Du in der Uni bist?

6. Wie, denkst du, wird es mit deinem Studium weitergehen?

Nachfragen

- Denkst du daran, mit dem Studium auszusetzen oder es ganz abzubrechen?

- Denkst du, dass du die vorgesehene Regelstudiendauer einhalten kannst?

7. Möchtest du während des Studiums noch ein weiteres Kind/weitere Kinder bekommen? (Falls „Nein", fragen, ob Familienplanung abgeschlossen ist oder ob die Kombination von Studium und Kind zu schwierig ist.)

Anhang 2: Interviewleitfaden Studium mit Kind

8. Welche Unterstützung würdest du dir seitens der Uni wünschen, was würde deine Situation erleichtern?

Mögliche Nachfragen/Assoziationshilfen

- Verhalten anderer Universitätsmitglieder

- kindgerechte Einrichtungen

- mehr Flexibilität bei der Studiengestaltung

- Änderungen in der Studien- bzw. Prüfungsordnung

Zusammenfassung
Ich möchte nun wieder zusammenfassen, was du zur Vereinbarkeit von Studium und Kind gesagt hast. Wenn ich etwas anders verstanden habe, als du es gemeint hast, dann korrigiere mich bitte. Vielleicht fällt dir auch noch etwas ein, was du bislang noch nicht gesagt hast und ergänzen möchtest.

D) Abschließende Fragen

Wir sind nun fast am Ende des Interviews angelangt; ich habe noch folgende abschließende Fragen:

1. Wie beurteilst du deine Situation auf einer Skala von 1 bis 10, wobei 1, sehr schlecht und 10, sehr gut bedeutet?

2. Wer oder was gibt Dir am meisten Kraft?

3. Was würde deine Situation vereinfachen?

4. Was kannst du selbst tun, damit es dir gut geht?

5. Gibt es jetzt noch etwas, worüber wir nicht gesprochen haben, dass Dir aber im Zusammenhang mit deiner Situation als Studierende_r mit Kind wichtig erscheint? Wenn ja → Was?

Wir sind nun am Ende unseres Interviews angelangt und ich möchte mich ganz herzlich bei dir bedanken! Einmal deswegen, weil ich aufgrund deiner Schilderungen einen Einblick in deine ganz individuelle Lebenssituation bekommen habe, was mir bei meiner Masterarbeit sehr weiterhilft. Zum anderen bedanke ich mich aber noch mal dafür, dass du dir die Zeit genommen hast!

Anhang 3: Ausschnitt aus einem Führungskräfte-Interviewleitfaden zum Thema Kreativität und Innovation[2]

Vollständig fett gedruckte Fragen sind Pflichtfragen, alle anderen Fragen sind unterstützend und vertiefend. Einzelne fett gedruckte Schlagworte dienen der schnellen Übersicht und besseren Orientierung, welche Themen abgedeckt werden sollten. Vereinzelt sind alternative Formulierungen von Pflichtfragen aufgeführt.

1. Was sind die Hauptaufgaben in Ihrer Tätigkeit?
Alternativ: **Was sind die hauptsächlichen Tätigkeiten in Ihrem Arbeitsalltag?**

---

[2]Die Ausschnitte aus dem Interviewleitfaden sind angelehnt an ein Forschungsinterview das im Rahmen des BMBF-Projekts Forschungsprojekt: „Wertebasiert flexibel – Chancen des Human-Ressourcen-Managements zum Erhalt und Ausbau transformationaler Innovationskultur (WertFlex)" im Jahr 2010 mit Führungskräften mittelständischer Unternehmen geführt wurde.

2. Was ist Ihnen wichtig in Bezug auf Ihre Arbeit?
– Wofür gehen Sie täglich zur Arbeit?
– Was **motiviert** Sie bei der Arbeit?

3. Wie erleben Sie die Unternehmenskultur in Bezug auf Innovationen?
Alternativ: **Inwiefern betrachten Sie Ihre Unternehmenskultur als innovativ?**
– Inwiefern schätzen Sie Ihr **Unternehmen** als innovativ ein?
– Inwiefern schätzen Sie Ihre **Abteilung** bzw. Ihr Team als innovativ ein?
– **Was verstehen Sie unter Innovationen?**

4. Wie unterstützt/hemmt die Unternehmenskultur Ihres Unternehmens Innovationsprozesse?
– Wie erleben Sie **Innovationsprozesse** in Ihrem Unternehmen?
– Bitte beschreiben Sie wenn möglich die Realisierung eines Innovationsprozesses in Ihrem Unternehmen anhand eines **Beispiels**.
– Wie werden Innovationsprozesse im Unternehmen **kommuniziert**?

5. Wie würden Sie sich eine ideale Innovationskultur vorstellen? Haben Sie konkrete Vorschläge?

Anhang 3: Ausschnitt aus einem Führungskräfte-Interviewleitfaden ...

6. Wie lösen Sie Probleme, die im Beruf auftreten? Inwiefern sind Sie dabei kreativ?
– Wie gehen Sie dabei konkret vor? Können Sie mir ein **Beispiel** schildern?
– Was hilft Ihnen dabei? Welche **persönlichen Faktoren** sind dabei ausschlaggebend?
– Welche **Faktoren von außen** sind ausschlaggebend?

7. Inwiefern leisten Sie einen Beitrag zur Innovativität Ihres Unternehmens?
– Wo sehen Sie dabei Ihre **Stärken**? Sehen Sie Ihre Stärken mehr in der Ideenfindung oder in der Umsetzung? Warum?
– Inwiefern sehen Sie noch **Optimierungsbedarf** für sich?

– Inwiefern hilft Ihnen Ihr **Unternehmen** bzw. die Unternehmenskultur dabei, kreative Leistungen zu vollbringen?
– Inwiefern hindern Sie Faktoren der Organisation bzw. die Organisationskultur daran, Kreatives zu vollbringen?

– Inwiefern hilft Ihnen Ihr/e **Vorgesetzte_r,** sich kreativ bzw. innovativ zu verhalten?
– Inwiefern hindert Sie das Verhalten Ihrer/Ihres Vorgesetzten daran, kreativ zu sein?
– Wie gehen Sie mit dem Verhalten Ihrer/Ihres Vorgesetzten um?

– Wie hilft Ihnen das **Team,** falls Sie im Team arbeiten, Kreatives zu schaffen?
– Inwieweit werden Sie durch Ihr Team gehemmt, kreative Leistungen zu erbringen?
– Wie helfen Sie Ihrem Team dabei, kreativ zu sein?

8. Was ist insgesamt in Bezug auf Kreativität und Innovation in Ihrem Arbeitskontext gut? Was kann noch verbessert werden? Haben Sie konkrete Vorschläge?

Literatur

Amelang, M., & Schmidt-Atzert, L. (2012). *Psychologische Diagnostik*. Berlin: Springer.
Andersen, S. M., & Berk, M. S. (1998). The social-cognitive model of transference: Experiencing past relationships in the present. *Current Directions in Psychological Science, 7*, 1–7.
Bamberg, M. (2007). *Narrative – State of the art*. Amsterdam: John Benjamins Publishing Company.
Bastine, R. H. (1998). *Klinische Psychologie* (Bd. 1). Stuttgart: Kohlhammer.
Bauer, J. J., & McAdams, D. P. (2004). Personal growth in adults' stories of life transitions. *Journal of Personality, 72*, 573–602.
Beesdo-Baum, K., Zaudig, M., & Wittchen, H.-U. (2019). *SCID-5-CV. Strukturiertes Klinisches Interview für DSM-5® -Störungen – Klinische Version*. Göttingen: Hogrefe.
Beesdo-Baum, K., Zaudig, M., & Wittchen, H.-U. (2019). *SCID-5-PD. Strukturiertes Klinisches Interview für DSM-5® -Persönlichkeitsstörungen*. Göttingen: Hogrefe.
Bohnsack, R. (2000). Gruppendiskussion. In U. Flick, E. V. Kardorff, & I. Steinke (Hrsg.), *Qualitative Forschung. Ein Handbuch* (S. 369–384). Reinbek: Rowohlt.
Bortz, J., & Döring, N. (2006). *Forschungsmethoden und Evaluation für Human- und Sozialwissenschaftler*. Berlin: Springer.
Bortz, J., & Döring, N. (2016). *Forschungsmethoden und Evaluation in den Sozial- und Humanwissenschaften*. Berlin: Springer.
Brand, C., Horn, A. B., Mehl, M. R., & Pennebaker, J. W. (2003). *GERMAN LIWC 2003: Ein deutsches Diktionär zu den basislinguistischen, psychologischen Prozess- und Relativitätskategorien des LIWC*. Technical Report. Austin: University of Texas, Department of Psychology.
Brüne, M., Sonntag, C., Abdel-Hamid, M., Lehmkämper, C., Juckel, G., & Troisi, A. (2008). Nonverbal behavior during standardized interviews in patients with schizophrenia spectrum disorders. *The Journal of Nervous and Mental Disease, 196*, 282–288.
Carr, D. (1986). *Time, narrative, and history*. Bloomington: Indiana University Press.
Chen, S., Boucher, H. C., Andersen, S. M., & Saribay, S. A. (2013). Transference and the relational self. In J. A. Simpson & L. Campbell (Hrsg.), *Oxford library of psychology. The Oxford handbook of close relationships* (S. 281–305). New York: Oxford University Press.

Cohen, J. (1960). A coefficient of agreement for nominal scales. *Educational and Psychological Measurement, 20,* 37–46.
Daseking, M., & Petermann, F. (2006). Anamnese und Exploration. In F. Petermann & M. Eid (Hrsg.), *Handbuch der Psychologischen Diagnostik* (S. 242–250). Göttingen: Hogrefe.
Davies, P. (2006). Interview. In V. Jupp (Hrsg.), *The Sage dictionary of social research methods* (S. 157–158). London: Sage.
Deegener, G. (2001). *Anamnestischer Elternfragebogen.* Göttingen: Hogrefe.
deJong, P., & Berg, I. K. (2014). *Lösungen (er)finden. Das Werkstattbuch der lösungsorientierten Kurztherapie.* Dortmund: Verlag Modernes Leben.
deShazer, S. (2015). *Der Dreh. Überraschende Lösungen und Wendungen in der Kurzzeittherapie.* Heidelberg: Auer.
deShazer, S., & Dolan, Y. (2018). *Mehr als ein Wunder: Die Kunst der lösungsorientierten Kurzzeittherapie.* Heidelberg: Carl-Auer.
Diagnostik- und Testkuratorium. (2018). (Hrsg.). *Personalauswahl kompetent gestalten. Grundlagen und Praxis der Eignungsdiagnostik nach DIN 33430.* Berlin: Springer.
Dipboye, R. L. (1992). *Selection interviews: Process perspectives.* Cincinnati: South-Western: Publishing.
Dönges, J. (2009). Du bist, was du sprichst. *Gehirn & Geist, 1*(2), 24–28.
Dougherty, T. W., Turban, D. B., & Callender, J. C. (1994). Confirming first impressions in the employment interview: A field study of interviewer behavior. *Journal of Applied Psychology, 79,* 659–665.
Dowrick, P. W. (1991). *Practical guide to using video in the behavioral sciences.* New York: John Wiley & Sons.
Dresing, T.; Pehl, T., & Lombardo, C. (2008). Schnellere Transkription durch Spracherkennung? [35 Absätze]. *Forum Qualitative Sozialforschung/Forum: Qualitative Social Research, 9*(2), Art. 17. http://nbn-resolving.de/urn:nbn:de:0114-fqs0802174.
Dyer, C. (2006). *Research in psychology: A practical guide to methods and statistics.* Oxford: Blackwell.
Duncan, S. (1972). Some signals and rules for taking speaking turns in conversations. *Journal of Personality and Social Psychology, 23,* 283–292.
Eye, A. V. (1999). Kognitive Komplexität. Messung und Validität. *Zeitschrift für Differentielle und Diagnostische Psychologie, 20,* 81–96.
Felfe, J., & Franke, F. (2014). *Führungskräftetrainings.* Göttingen: Hogrefe.
Fisseni, H. J. (2004). *Lehrbuch der psychologischen Diagnostik.* Göttingen: Hogrefe.
Flanagan, J. C. (1954). The critical incident technique. *Psychological Bulletin, 51,* 327–358.
Flick, U., Kardorff, E. V., & Steinke, I. (Hrsg.). (2009). *Qualitative Forschung. Ein Handbuch.* Reinbek: Rowohlts Enzyklopädie.
Fowler, F. J., & Mangione, T. W. (1990). *Standardized survey interviewing: Minimizing interviewer-related error.* London: Sage.
Freeman, G. L., Manson, G. E., Katzoff, E. T., & Pathman, J. H. (1942). The stress interview. *The Journal of Abnormal and Social Psychology, 37*(4), 427–447.
Geiselman, R. E., & Fisher, R. P. (1997). Ten years of cognitive interviewing. In D. G. Payne & F. G. Conrad (Hrsg.), *A synthesis of basic and applied approaches to human memory* (S. 191–215). New York: Lawrence Erlbaum.

Gnambs, T., Batinic, B., & Hertel, G. (2011). Internetbasierte psychologische Diagnostik. In L. F. Hornke, M. Amelang & M. Kersting (Hrsg.), *Verfahren zur Leistungs-, Intelligenz- und Verhaltensdiagnostik, Enzyklopädie der Psychologie, Psychologische Diagnostik* (Bd. II/3, S. 448–498). Göttingen: Hogrefe.

Haunberger, S. (2006). Das standardisierte Interview als soziale Interaktion: Interviewereffekte in der Umfrageforschung. *ZA-Information, 58,* 23–58.

Hell, B., Trapmann, S., Weigand, S., & Schuler, H. (2007). Die Validität von Auswahlgesprächen im Rahmen der Hochschulzulassung – eine Metaanalyse. *Psychologische Rundschau, 58,* 93–102.

Hermanns, H. (2009). Interviewen als Tätigkeit. In U. Flick, E. V. Kardorff & I. Steinke (Hrsg.), *Qualitative Forschung. Ein Handbuch* (S. 360–368). Reinbek: Rowohlt.

Hopf, C. (2009). Qualitative Interviews – Ein Überblick. In U. Flick, E. V. Kardorff & I. Steinke (Hrsg.), *Qualitative Forschung. Ein Handbuch* (S. 349–360). Reinbek: Rowohlt.

Horn, A. B., & Mehl, M. R. (2004). Expressives Schreiben als Coping-Technik: Ein Überblick über den Stand der Forschung. *Verhaltenstherapie, 14,* 274–283.

Hron, A. (1994). Interview. In G. L. Huber & H. Mandl (Hrsg.), *Verbale Daten* (S. 119–140). Weinheim: Beltz.

Hussy, W., Schreier, M., & Echterhoff, G. (2013). Forschungsmethoden in Psychologie und Sozialwissenschaften für Bachelor. Berlin: Springer.

Ibsen, C. A., & Ballweg, J. A. (1974). Telephone interviews in social research: Some methodological considerations. *Quality & Quantity, 8,* 181–192.

Jacob, N.-C. (2018). *Kreativität und Innovation. Anwendung und Weiterentwicklung der Innovatoren-DNA im Coaching*. Wiesbaden: Springer.

Jacob, N.-C., Greisel, M., & Renner, K.-H. (2015). Quantitative Textanalyse der Balu und Du-Tagebücher. Vortrag auf der 10. Koordinatorenkonferenz des Balu und Du e. V., Georgsmarienhütte., 09.03.2015.

Jahoda, M., Lazarsfeld, P. F. & Zeisel, H. (1980). Die Arbeitslosen von Marienthal. Frankfurt am Main: Suhrkamp.

Kanfer, F., Reinecker, H., & Schmelzer, D. (2012). *Selbstmanagement-Therapie. Ein Lehrbuch für die klinische Praxis*. Berlin: Springer.

Kassin, S. M., Drizin, S. A., Grisso, T., Gudjonsson, G. H., Leo, R. A., & Redlich, A. D. (2010). Police-induced confessions: Risk factors and recommendations. *Law and Human Behavior, 34,* 3–38.

Keßler, B. H. (1995). Daten aus dem Interview. In R. S. Jäger (Hrsg.), *Psychologische Diagnostik* (S. 429–439). Weinheim: Psychologie Verlags Union.

Keßler, B. H. (2001). Klinisch-biographische Diagnostik. In R.-D. Stieglitz, U. Baumann, & H. J. Freyberger (Hrsg.), *Psychodiagnostik in Klinischer Psychologie, Psychiatrie, Psychotherapie* (S. 195–209). Stuttgart: Thieme.

Keßler, B. H. (2005). Klinisches Interview und Anamnese. In F. Petermann & H. Reinecker (Hrsg.), *Handbuch der Klinischen Psychologie und Psychotherapie* (S. 217–224). Göttingen: Hogrefe.

Kici, G., & Westhoff, K. (2000). Anforderungen an psychologisch-diagnostische Interviews in der Praxis. *Report Psychologie, 25,* 428–436.

Köhnken, G., Kraus, U., & vom Schemm, K. (2008). Das Kognitive Interview. In R. Volbert & M. Steller (Hrsg.), *Handbuch der Rechtspsychologie* (S. 232–243). Göttingen: Hogrefe.

Kraus, W. (2000). *Das erzählte Selbst. Die narrative Konstruktion von Identität in der Spätmoderne*. Herbolzheim: Centaurus.
Kubinger, K. D. (2003). Anamnese. In K. D. Kubinger & R. S. Jäger (Hrsg.), *Schlüsselbegriffe der Psychologischen Diagnostik* (S. 13–19). München: BeltzPVU.
Kubinger, K. D. (2003b). Systemisch orientiertes Erhebungsinventar. Zum Sachverhalt eines symptombeladenen Kindes/Jugendlichen. Gesprächsleitfaden für den Routineeinsatz psychologischer Untersuchungen, *Familiendynamik, 28*(2), 252–260.
Kubinger, K. D., & Deegener, G. (2001). *Psychologische Anamnese bei Kindern und Jugendlichen*. Göttingen: Hogrefe.
Kuckartz, U. (2010). *Einführung in die computergestützte Analyse qualitativer Daten*. Wiesbaden: VS Verlag.
Küsters, I. (2009). *Narrative Interviews. Grundlagen und Anwendungen*. Wiesbaden: VS-Verlag.
Kvale, S. (2015). *Interviews*. Los Angeles: Sage.
Lamm, M. (2004). *Studium mit Kind. Eine empirische Untersuchung über die Belastungen, Reaktionsformen und Ressourcen studierender Eltern*. Unveröffentlichte Diplomarbeit. Otto-Friedrich Universität Bamberg.
Latham, G. P., Saari, L. M., Pursell, E. D., & Campion, M. A. (1980). The situational interview. *Journal of Applied Psychology, 65*, 422–427.
Laux, L. (2008). *Persönlichkeitspsychologie*. Stuttgart: Kohlhammer.
Laux, L., Friedel, H., Maier, H., & Renner, K.-H. (2002). Wie Psychologen sich selbst darstellen: eine Inhaltsanalyse von Autobiographien. In G. Jüttemann & H. Thomae (Hrsg.), *Persönlichkeit und Entwicklung* (S. 229–261). Weinheim: Beltz.
Laux, L., & Schütz, A. (1996). *Streßbewältigung und Wohlbefinden in der Familie. Studie im Auftrag des Bundesministeriums für Familie und Senioren* (S. 57–68). Stuttgart: Kohlhammer.
Lessler, J. T., Eyerman, J., & Wang, K. (2008). Interviewer training. In E. D. de Leeuw, J. J. Hox, & D. A. Dillman (Hrsg.), *International handbook of survey methodology* (S. 442–460). New York: Taylor & Francis.
Levinson, S. C. (2015). Turn-taking in human communication – Origins and implications for language processing. *Trends in Cognitive Sciences, 20*, 6–14.
Lienert, G. A., & Raatz, U. (1998). *Testaufbau und Testanalyse* (6. Aufl.). Weinheim: Psychologie Verlags Union.
Link, M. W., Battaglia, M. P., Frankel, M. R., Osborn, L., & Mokdad, A. H. (2007). Reching the U.S. Cell Phone Generation. Comparison of cell phone survey results with an ongoing landline telephone survey. *Public Opinion Quarterly, 5*, 814–839.
Loftus, E. F. (1997). Creating childhood memories. *Applied Cognitive Psychology, 11*, S75–S86.
Loretto, V. (1986). Effective interviewing is based on more than intuition. *Personnel Journal, 65*, 101–107.
Magnusson, D. (1992). Back to the phenomena: Theory, methods, and statistics in psychological research. *European Journal of Psychology, 6*, 1–14.
Mayring, P. (2010). Qualitative Inhaltsanalyse. *Grundlagen und Techniken*. Weinheim: Beltz.
McAdams, D. P. (2006). The role of narrative in personality psychology today. In M. Bamberg (Hrsg.), *Narrative – State of the art* (S. 17–26). Amsterdam: John Benjamins.

McAdams, D. P. (2013). *The redemptive self. Stories Americans live by.* Oxford: Oxford University Press.
McAdams, D. P., & Pals, J. L. (2006). A new Big Five: Fundamental principles for an integrative science of personality. *American Psychologist, 61*(3), 204–217.
McClelland, D. C., Koestner, R., & Weinberger, J. (1989). How do self-attributed and implicit motives differ? *Psychological Review, 96,* 690–702.
McDaniel, M. A., Whetzel, D. L., Schmidt, F. L., & Maurer, S. D. (1994). The validity of employment interviews: A comprehensive review and meta-analysis. *Journal of Applied Psychology, 79,* 599–616.
Mehl, M. R. (2006). Quantitative text analysis. In M. Eid & E. Diener (Hrsg.), *Handbook of multimethod measurement in psychology* (S. 141–156). Washington, DC: American Psychological Association.
Meier, T., Boyd, R. L., Pennebaker, J. W., Mehl, M. R., Martin, M., Wolf, M., & Horn, A. B. (2018). *"LIWC auf Deutsch": The Development, Psychometrics, and Introduction of DE-LIWC2015.* Verfügbar unter: https://osf.io/tfqzc/ Zugegriffen: 08. Jan. 2020.
Mertens, W. (1975). *Sozialpsychologie des Experiments. Das Experiment als soziale Interaktion.* Hamburg: Hoffmann und Campe.
Merton, R. K., & Kendall, P. L. (1993). Das fokussierte Interview. In C. Hopf & E. Weingarten (Hrsg.), *Qualitative Sozialforschung* (S. 171–203). Stuttgart: Klett.
Merton, R. K., Fiske, M., & Kendall, P. L. (1956). *The focussed interview. A manual of problems and procedures.* Glencoe: The Free Press.
Mey, G., & Mruck, K. (2019). *Handbuch Qualitative Forschung in der Psychologie.* Berlin: Springer.
Milne, R., & Bull, R. (2003). *Psychologie der Vernehmung. Die Befragung von tatverdächtigen, Zeugen und Opfern.* Bern: Huber.
Neuendorf, K. A. (2017). *The content analysis guidebook.* London: Sage.
Nguyen L. S., Frauendorfer D., Schmid Mast M., & Gatica-Perez, D. (2014). Hire me: Computational Inference of Hirability in Employment Interviews Based on Nonverbal Behavior. *IEEE Transactions on Multimedia, 16,* 1018–1031.
Ostendorf, F., Angleitner, A., Wiedemann, S., & Wyschkon, J. (2003). *Das Strukturierte Interview für das Fünf-Faktoren-Modell (SIFFM).* Poster auf der 7. Arbeitstagung der Fachgruppe Differentielle Psychologie, Persönlichkeitspsychologie und Psychologische Diagnostik, 29.9.–30.9.2003, Martin-Luther-Universität Halle.
Pennebaker, J. W., & Smyth, J. M. (2016). *Opening up by writing it down: How expressive writing improves health and eases emotional pain.* New York: Guilford.
Porter, S., Yuille, J. C., & Lehman, D. R. (1999). The nature of real, implanted, and fabricated memories for emotional childhood events: Implications for the recovered memory debate. *Law and Human Behavior, 23,* 517–537.
Quay, M. (1959). The effect of verbal reinforcement on the recall of early memories. *Journal of Abnormal and Social Psychology, 59,* 254–257.
Raskin, R. N., & Shaw, R. (1988). Narcissism and the use of personal pronouns. *Journal of Personality, 56,* 393–404.
Renner, K.-H. (2002). *Selbstinterpretation und Self-Modeling bei Redeängstlichkeit.* Göttingen: Hogrefe.
Rogers, C. (1983). *Die klientenzentrierte Gesprächspsychotherapie.* Frankfurt a. M.: Fischer.

Russano, M. B., Meissner, C. A., Narchet, F. M., & Kassin, S. M. (2005). Investigating true and false confessions within a novel experimental paradigm. *Psychological Science, 16,* 481–486.

Rustemeyer, R. (1992). *Praktisch-methodische Schritte der Inhaltsanalyse.* Münster: Aschendorff.

Salgado, J. F., & Moscoso, S. (2002). Comprehensive mata-analysis of the construct validity of the employment interview. *European Journal of Work and Organizational Psychology, 11,* 299–324.

Schmidt, F. L., & Hunter, J. E. (1998). The validity and utility of selection methods in personnel psychology. *Psychological Bulletin, 124*(2), 262–274.

Schmidt, L. R., & Keßler, B. H. (1976). *Anamnese.* Weinheim: Beltz.

Schneider, S., & Margraf, J. (2011). *Diagnostisches Interview bei psychischen Störungen (DIPS für DSM-IV-TR).* Berlin: Springer.

Schuler, H. (2018). *Das Einstellungsinterview: Ein Arbeits – und Trainingsbuch.* Göttingen: Hogrefe.

Schuler, H., & Marcus, B. (2014). Biographieorientierte Verfahren der Personalauswahl. In H. Schuler (Hrsg.), *Lehrbuch der Personalpsychologie* (3. überarb Aufl., S. 257–301). Göttingen: Hogrefe.

Schütze, F. (1983). Biographieforschung und narratives Interview. *Neue Praxis, 13,* 283–293.

Schwarzer, R. (1983). Befragung. In H. Feger & J. Bredenkamp (Hrsg.), *Datenerhebung. Der Serie Forschungsmethoden der Enzyklopädie der Psychologie* (Bd. 2, S. 302–320). Göttingen: Hogrefe.

Seidenstücker, E. (1976). *Konstruktion und Evaluation eines Trainingsprogrammes für klinische Interviews.* Dissertation: Universität Regensburg.

Seidenstücker, G., & Wenzel, A. (2001). *Expertenmodelle und Interviewleitfäden in der Lösungsorientierten Kurzzeittherapie.* Trierer Psychologische Berichte, Bd. 28, 2. Universität Trier. Fachbereich I Psychologie.

Shaw, J., & Porter, S. (2015). Constructing rich false memories of committing crime. *Psychological Science, 26,* 1–11.

Sprangers, M. A. G., & Schwartz, C. E. (2000). Integrating response-shift into health-related quality-of-life research: A theoretical model. In C. E. Schwartz & M. A. G. Sprangers (Hrsg.), *Adaption to changing health. Response-shift in quality-of-life research* (S. 11–23). Washington: American Psychological Association.

Sticher, B. (2007). *Polizei- und Kriminalpsychologie.* Frankfurt a. M.: Verlag für Polizeiwissenschaft.

Stieger, S., & Reips, U.-D. (2008). Dynamic interviewing program (DIP): Automatic online interviews via the instant messenger ICQ. *Cyberpsychology & Behavior, 2,* 201–207.

Strauß, B., & Schumacher, J. (Hrsg.). (2005). *Klinische Interviews und Ratingskalen.* Göttingen: Hogrefe.

Strobel, A. (2009). *Das Diagnoseinstrument zur Erfassung der Interviewerkompetenz in der Personalauswahl (DIPA) – Entwicklung, empirische Prüfungen und Akzeptanz in der Praxis.* http://nbn-resolving.de/urn:nbn:de:swb:14-1113897309086-89129. Zugegriffen: XXX.

Sturzbecher, D. (Hrsg.). (2001). *Spielbasierte Befragungstechniken. Interaktionsdiagnostische Verfahren für Begutachtung, Beratung und Forschung.* Göttingen: Hogrefe.

Sue-Chan, C., & Latham, G. P. (2004). The situational interview as a predictor of academic and team performance: A study of the mediating effects of cognitive ability and emotional intelligence. *International Journal of Selection and Assessment, 12*(4), 312–320.
Taylor, P. J., & O'Driscoll, M. P. (1995). *Structured employment interviewing*. Bodmin: Hartnoll's.
Thomae, H. (1953). Über Daseinstechniken sozial auffälliger Jugendlicher. *Psychologische Forschung, 23,* 11–33.
Thomae, H. (1955). *Persönlichkeit. Eine dynamische Interpretation*. Bonn: Bouvier.
Thomae, H. (1968). *Das Individuum und seine Welt*. Göttingen: Hogrefe.
Thomae, H. (1992). Hans Thomae. In E. G. Wehner (Hrsg.), *Psychologie in Selbstdarstellungen* (Bd. 3, S. 305–327). Bern: Hans Huber.
Thomae, H. (1996). *Das Individuum und seine Welt* (3. überarb Aufl.). Göttingen: Hogrefe.
Trost, G. (1996). Interviews. In K. Pawlik (Hrsg.), *Grundlagen und Methoden der Differentiellen Psychologie* (S. 463–505). Enzyklopaedie der Psychologie, Themenbereich C, Theorie und Forschung, Serie VIII, Differentielle Psychologie und Persönlichkeitsforschung, Band 1. Göttingen: Hogrefe.
Trull, T. J., & Widiger, T. A. (1997). *Structured interview for the five-factor model of personality (SIFFM). Professional manual*. Odessa: Psychological Assessment Resources.
Volbert, R., & Steller, M. (2008). *Handbuch der Rechtspsychologie*. Göttingen: Hogrefe.
Staabs, G. V. V. (2004). *Der Scenotest* (9. Aufl.). Bern: Huber.
Wehner, E. G. (Hrsg.). (1992). *Psychologie in Selbstdarstellungen* (Bd. 3). Göttingen: Verlag Hans Huber.
Weinberger, S. (2013). *Klientenzentrierte Gesprächsführung: Eine Lern- und Praxisanleitung für psychosoziale Berufe*. Weinheim: Beltz.
Westhoff, G. (1993). *Handbuch psychosozialer Messinstrumente*. Göttingen: Hogrefe.
Westhoff, K. (1992). *Entscheidungsorientierte Diagnostik*. Bonn: Deutscher Psychologen Verlag.
Westhoff, K. (2000). Das psychologisch-diagnostische Interview. Ein Überblick über die Forschung für die Praxis. *Report Psychologie, 61,* 18–24.
Westhoff, K. (Hrsg.). (2009). *Das Entscheidungsorientierte Gespräch (EOG) als Eignungsinterview*. Lengerich: Pabst.
Westhoff, K., Hornke, L. F., & Westmeyer, H. (2003). Richtlinien für den diagnostischen Prozess - Zur Diskussion gestellt.[Deutsche Adaptation von: Fernandez-Ballesteros, R., De Bruyn, E. E. J., Godoy, A., Hornke, L. F., Ter Laak, J., Vizcarro, C., Westhoff, K., Westmeyer, H., & Zaccagnini, J. L. (2001). Guidelines for the assessment process (GAP): A proposal for discussion. European Journal of Psychological Assessment, 17, 187–200.] *Report Psychologie, 28*(9), 504–517.
Westhoff, K., & Kluck, M.-L. (2014). *Psychologische Gutachten schreiben und beurteilen*. Berlin: Springer.
Westhoff, K., & Strobel, A. (2011). Interview. In: M. Amelang & L. F. Hornke (Hrsg.), *Enzyklopädie der Psychologie. Themenbereich B, Methodologie und Methoden. Serie II, Psychologische Diagnostik. Band II, Methoden* (S. 371–413). Göttingen: Hogrefe.
Wolf, M., Horn, A. B., Mehl, M. R., Haug, S., Pennebaker, J. W., & Kordy, H. (2008). Computergestützte quantitative Textanalyse: Äquivalenz und Robustheit der deutschen Version des Linguistic Inquiry and Word Count. *Diagnostica, 54,* 85–98.

Stichwortverzeichnis

A
Abschluss des Interviews, 62–64
Alltagsgespräch s. Alltagskonversation
Alltagskonversation, 3, 19
Anamnese, V, 1, 5, 6, 30, 85
  Eigenanamnese, 6
  Fremdanamnese, 6, 7
Ankerbeispiel, 102, 104–106
Anonymität, 59
Anzahl der Interviewer und Interviewten, 9
Assoziationshilfen, 60, 130
Attributionsverzerrungen, 22
Aufbau des Interviews, 64
Augenscheinvalidität, 88
Auswertung von Interviews, IX, VIII, 34, 95, 110

B
Bedeutungsäquivalenz, 14, 15
Befragungstechnik, spielbasierte, 32
Beziehungsaufbau, 80
Beziehungsgestaltung s. Gestaltung der Interviewsituation

C
Coaching, 7, 25, 61, 90
Cohen's Kappa, 86
COLUMBO-Haltung, 52

D
Datenerhebung, V, 3, 26, 29, 40
Datenschutzfolgeabschätzung, 76, 123
Dauer eines Interviews, 9, 24, 25, 28, 33, 57, 58, 70
Definition der Interviewmethode, 2
Denkpause, 81, 82
Diagnostik und Intervention, VI, 1, 7, 31, 88
Diagnostizieren, adaptives, 15
DIN 33430, 84

E
Eignungsdiagnostik, 10, 92
Einstellungsinterview, 33, 57, 63, 65–67, 81, 83, 84, 113
Einverständnis, 58
Einwilligungserklärung, 76, 123, 124
Eröffnung des Interviews, 58, 60, 67
Einstiegsfragen, 58, 60, 70
Evaluation, VI, 31, 84
Exploration, V, VII, 1, 5, 8, 17, 31, 32, 38, 46, 98
  freie, 38–40

F
Face-to-Face-Interview, 19, 95
false memories, VII, 36

Forschung
  qualitative, 42, 43
Forschungsinterview, 9, 66, 80, 135
Fragebogen, 14, 26, 27, 29, 37, 43, 88, 89, 109, 112
Fragentypen, 47, 50, 57
  formale Fragen, 50, 53
  allgemeine vs. konkrete Fragen, 56
  direkte vs. indirekte Fragen, 55
  Nachfragen, 4, 11, 13, 15, 17, 45, 53, 56, 57, 60, 81, 123, 124
  offene vs. geschlossene Fragen, 53, 56
  situative Fragen, 57
  funktionale Fragen, 50, 51
  Einleitungsfragen, 51
  Filterfragen, 15, 51, 53
  Kontrollfragen, 51, 52, 57
  Überleitungsfragen, 51, 52, 61

G
Gesprächsführung, VI, 16, 31, 56, 65, 70–72, 74, 80, 82
Gesprächspsychotherapie, VI, 9, 31
Gesprächssituation, schwierige, 73, 80
Gestaltung der Interviewsituation, 24
  Beziehungsgestaltung, 25
  Transparenz, 24, 88
Glaubwürdigkeit, 37
Gutachten, 34, 98
Gütekriterien, klassische, 13, 17, 85, 91
  Objektivität, 13
  Reliabilität, 13
    interne Konsistenz, 87
  Validität, 13
    Inhaltsvalidität, 88
    inkrementelle, 89, 93
    Konstruktvalidität, 89
    Kriteriumsvalidität, 88
    Varianzaufklärung, 89, 92

H
Handlungsvalidierung, VIII, 89, 90
Hauptteil des Interviews, 60, 62
  Ablenkungs- oder Pufferfrage, 60
  allgemeine Fragen, 56, 60
  Überleitungsfragen, 61
  Zusammenfassung, 61

I
Idiographie, 38, 40
Individualdiagnostik, 30
Inhaltsanalyse s. Inhaltsanalyse, qualitative
Inhaltsanalyse, qualitative, 98
Intersubjektivität, 99, 107
Interview
  fokussiertes, VII, 45, 46
  kognitives, 35
  multimodales, VI, 33
  narratives, 16, 45
Interviewleitfaden, VII, 14, 16, 17, 46, 57, 58, 62, 63, 65, 69, 72, 78, 80, 82, 115, 116, 123, 135
  Pflichtfragen, 17, 135
Interviewraum, 37, 68
Interviewtraining, V, 77, 78, 80–83

K
Kappa-Koeffizient, 91
Kategoriensystem, 89, 97, 98, 101, 102, 105, 109, 111
  disjunktes, 106, 111
  saturiertes, 105, 106
Kodierer-Übereinstimmung, 102, 108
Kodierung von Antworten, 97
Kognitives Interview
  kognitives, VII
Konfrontation mit Widersprüchen, 73

Stichwortverzeichnis

L
Lebenserzählung, 41, 46

M
Meta-Kommunikation, VI, 26, 63, 74

N
Nomothetik, 38

O
Objektivität, VIII, 83, 85, 86, 90

P
Personalauswahl, VIII, 10, 80, 84, 92, 95
Persönlichkeitstheorie, biographische, 5

R
Reliabilität, VIII, 85, 87, 90, 91
response shift, 27
Ressourcenaktivierung, 7
Ressourcenfrage, 7
Rolle Interviewer_in, 1, 9–11

S
Selbstdarstellungsmotive, 21
Setting, 9
Sitzordnung, 68
Smalltalk, 51, 58, 63, 70
Spracherkennungssoftware, 99
Standard
 ethischer, 75
 rechtlicher, 75
Standardisierung, VI, 1, 11–13, 15, 17, 77, 91

halbstrukturiertes Interview, 13, 16
hoch standardisiertes Interview, 13
unstandardisiertes Interview, 14, 15
Störeffekt, 26, 77, 80
Strukturierung s. Standardisierung
Suggestion, 37, 49

T
Testgütekriterien s. klassische Gütekriterien
Textanalyse, quantitative, 110, 111
Themenwechsel, 70, 72
Transkription, VIII, 99
Transkriptionsleitfaden, 99
Typen von Fragen s. Fragentypen, VII, 50

U
Ungestörtheit, 68

V
Validierung, kommunikative, VIII, 89
Validität, VIII, 83, 85, 88, 90, 92, 93
 prognostische, 17
Verstärker, 37, 71
 nonverbaler, 21, 71
 verbaler, 21, 37, 71
Vertraulichkeit, 70, 75

W
Wunderfrage, 7, 8, 32, 88

Z
Zeugenaussage, VII, 35–37
Ziele des Interviews, 10, 17
Zusammenfassung, thematische, 95, 97, 98

The manufacturer's authorised representative in the EU is Springer Nature Customer Service Centre GmbH, Europaplatz 3, 69115 Heidelberg, Germany. If you have any concerns regarding our products, please contact ProductSafety@springernature.com

Printed and bound by CPI Group (UK) Ltd, Croydon, CR0 4YY
23/03/2026
02076463-0007